Erster Weltkrieg

Kriegssplitter aus

Berlin

in

Wort und Bild

Hannelore & Edwin Kuna

Bibliografische Information:
Die Deutsche Nationalbibliothek verzeichnet diese Publikation in der Deutschen Nationalbibliografie; detaillierte bibliografische Daten sind im Internet über WWW.dnb.d-nb.de abrufbar.

Erster Weltkrieg

Kriegssplitter aus

Berlin

in

Wort und Bild

ISBN: 978-3-942916-04-2

Haff-Verlag
Dr. Edwin Kuna
Grambin Dorfstraße 63

Dezember 2019

Inhalt

1	PROLOG	3
2	AUF ZUM MILITÄR	17
3	WEHRBEITRAG	41
4	Drohender KRIEGSZUSTAND	55
5	MOBILMACHUNG	65
6	Aufmarsch und MILITÄRFAHRPLAN	85
7	FRAUEN	99
8	OSTPREUSSISCHE FLÜCHTLINGE	141
9	ZEITUNG IM KRIEG	159
10	ANHANG	188

Das Luisengymnasium, Berlin
Phot. Berl. Jll.-Ges.

Die Hindenburgbrücke, Berlin
Phot. Presse-Photo-Vertrieb

Der Neubau des Bahnhofs Friedrichstraße, Berlin

Prolog

Mit dem Ersten Weltkrieg endete für die Deutschen nach 43 Jahren der Frieden. Waren die Menschen auf diesen großen Krieg vorbereitet? Ganz bestimmt nicht.

Denn die Welt zeigte sich schon längere Zeit in ihren Grundfesten erschüttert, Wirtschaftskrisen ergriffen die großen Industrieländer und dann die Balkankriege 1912-13. Europa rüstete auf, zumindest die Kernstaaten: Deutschland, Frankreich, Russland, Österreich-Ungarn und England.

Die deutsche Kriegsvorbereitung konnte nicht unbemerkt geblieben sein, erst recht nicht in Berlin, der Reichshauptstadt. Im Reichstag begrüßten bzw. billigten die großen Parteien; rechts, in der Mitte und links, die militärische Aufrüstung und förderten sie, zuletzt auch die Sozialdemokraten. Für den im Juni 1913 beschlossenen Wehrbeitrag, der die Rüstung finanzierte, steuerte die wohlhabende Oberschicht im Kaiserreich einen enormen finanziellen Anteil, die „kleinen" Leute kamen vorläufig davon, was sich mit Kriegseintritt radikal änderte.

Das unabhängige Deutsche Rote Kreuz sprach im Frühjahr 1914 offen von einer Kriegsgefahr: „Niemand weiß, wann die Prüfung eines Krieges an unser Volk herantreten wird; keinesfalls darf es den Verwundeten und Kranken dann an Hilfe fehlen."

Schon vor dem Krieg brachte die Bewaffnung einigen Wirtschaftsbranchen kräftige Unternehmensgewinne und so entstanden wichtige Arbeitsplätze für die Arbeiterschaft; was ein maßgebender Faktor war, um die aufziehende Kriegsgefahr in Deutschland zu verschleiern.

In Berlin standen die städtischen Militärvereine, wie die Marine- und Wehrvereine, die Kriegervereine; die Ortsgruppen vom Alldeutschen Verband und vom Deutschen Ostmarkenverein oder auch die Turnvereine, die überwiegende Zahl der Studenten und ein Großteil der Stadtbürgerschaft, hinter den Rüstungsaktivitäten von Heer und Staat, weite Bevölkerungskreise erwiesen sich zeitgemäß kaisertreu. Besonders traditionsreich zeigten sich die Kriegervereine, wie der Tempelhofer, der 1910 sein 25. Stiftungsfest beging. In Groß-Berlin hielten etwa 500 Kriegervereine mit rund 70.000 Mitgliedern (Stand 1. April 1916) die Fahnen hoch.

Und wenn die Gardekorps zur Frühjahres- oder Herbstparade nach dem Tempelhofer Feld ausrückten, standen Tausende von Berlinern Spalier. Herbst 1914 sollte ein besonderes Ereignis werden. „Alexander" und „Franze" wollten 100 Jahre feiern (Kaiser-Alexander-Garde-Grenadierregiment Nr. 1 und Kaiser-Franz-Garde-Grenadier-regiment Nr. 10 wurden am 14. Februar 1814 gegründet).

Zunächst folgte für alle der vom Wetter her stürmische Jahresbeginn 1914 und als sich dann in der Julikrise 1914, angefangen mit dem Attentat von Sarajevo am 28. Juni durch serbische Extremisten und den folgenden politischen Verkettungen, in den entscheidenden Stunden vom 31. Juli und 1. August die Ereignisse überschlugen, versagten Politik und Diplomatie.

Tatsächlich waren die Menschen „plötzlich" vor vollendeten Tatsachen gestellt?

Krieg? Bis zur letzten Entscheidung, ja bis zur verstrichenen Frist, fanden sich aufgewühlte Menschenmassen aus verschiedensten sozialen Schichten auf freien Plätzen zusammen, gab es Volksversammlungen der Sozialdemokraten gegen den Krieg. Doch die Erwartung der Arbeiterschaft auf eine geschlossene, internationale, solidarische Haltung gegen den Waffengang, wie auf zahlreichen Friedenskongressen vor 1914 beschworen, erfüllte sich nicht.

Diese letzten Tage und Stunden vor dem Kriegsausbruch verliefen für die Menschen in Berlin dramatisch.

Am 31. Juli rief der Monarch Wilhelm II. den „drohenden Kriegszustand" aus.

Am 1. August hatten der Kaiser, Reichskanzler Theobald von Bethmann Hollweg und Generalfeldmarschall von Moltke in Berlin die letzte Entscheidung für 65 Millionen Deutsche getroffen, sodass am nächsten Tag das Kaiserreich militärisch mobil machte und in den Krieg eintrat. Deutschland erklärte am 1. August 1914 Russland und 3. August 1914 Frankreich den Krieg. Millionen glaubten ihrem „Friedenskaiser" und an die Unschuld Deutschlands.

Mit Kriegsausbruch wurde alles anders, nach dem 1. August 1914 kam mit der militärischen Mobilmachung auch die geistige Mobilmachung hinzu. Jetzt zählte nicht nur das Kaiserwort, sondern ebenso das Gotteswort.

Der letzte große Krieg von 1870/71 verlief über 11 Monate. Genau 1563 Tage sollte der Erste Weltkrieg dauern, was anfangs von den Zeitgenossen niemand, weder ahnte noch glaubte. Das waren vier und ein viertel Jahr, angefangen von der Mobilmachung am 1. August 1914 im kraftstrotzenden Wilhelminischen Kaiserreich bis zur Unterzeichnung des Waffenstillstandes von Compiègne am 11. November 1918, da war Deutschland nicht nur am Ende seiner militärischen Kräfte gelangt.

Eine überschaubare Zeit im Angesicht eines Menschenlebens, für alle Beteiligten, die den mörderischen Krieg miterlebten, unendlich lang - auch im Nachhinein betrachtet.

Welche Auswirkungen zeitigte der Krieg im Inland und was ist in die Geschichte eingegangen? Denn, kein feindlicher, bewaffneter Soldat betrat Berliner Boden, keine Bomben fielen auf die Stadt. Die Reichshauptstadt blieb von direkten militärischen Kriegshandlungen verschont.

Und doch hinterließ der Weltkrieg tiefe Narben und großes Entsetzen bei den Menschen. Kaum eine Familie blieb verschont von den Kriegsauswirkungen. Kaum eine Familie, die nicht einen persönlichen Verlust erlitten hatte, gleich ob an der Front oder im Hinterland. Hunger und Elend breiteten sich aus, die Menschen wurden ideologisch manipuliert alles, aber auch das letzte Stückchen Brot für die

Front zu geben.

> „Der Krieg hat, wohl in allen beteiligten Ländern ziemlich gleich, das Volk der Daheimgebliebenen in drei Klassen geteilt. In die Klasse derjenigen, die durch Teuerung, durch Abwesenheit oder Tod des Ernährers Not leiden, in die Klasse derjenigen, die am Kriege reich gewinnen oder doch ein wesentlich vermehrtes Einkommen haben, und in die Klasse derjenigen, die durch Vermögen oder ruhig gesicherten, ausreichenden Verdienst in die Lage gesetzt sind, bewegte Zeiten ohne Entbehrungen zu überstehen. Es ist das dringendste Gebot der gegenwärtigen Stunde, die erste dieser drei Volksklassen gegen peinigenden Mangel zu schützen und dafür zu sorgen, dass sie weder hungert, noch friert.“ (Theodor Wolff)

Über Generationen hinweg wurden bruchstückhaft Leidens- und Mutgeschichten an die Kinder und Enkel weitererzählt, andere Ereignisse blieben vielleicht unausgesprochen. Denn was geschah mit Kriegsausbruch zu Hause? Die militärische Mobilmachung und der Aufmarsch von 8 Armeen an die West- und Ostfront vollzogen sich „fahrplanmäßig“ und fast wie ein Uhrwerk mit Hilfe der Eisenbahn. In der Zivilgesellschaft verlief es nicht so automatisiert, denn nach anfänglichen Hurra-Rufen und einer Kriegseuphorie (Augusterlebnis) zog bittere Ernüchterung ein, der intensive Durchhalteparolen folgten. Aushalten, Einschränken und Durchhalten wurden zur Lebensmaxime.

Das Berliner Zivilleben stand zeitweise auf dem Kopf gestellt durch das Einwirken der militärischen Befehlsgewalt vom Oberkommando in den Marken, durch Generaloberst Gustav von Kessel, legitimiert durch den „drohenden“ und zuweilen, „verschärften Kriegszustand“. Verbot des Anfertigens und Verbreitens politischer Plakate, polizeiliche Anmeldung jeder Veranstaltung, außer rein geselligen und kirchlichen; war das der „Burgfrieden"? Tausende Korpsbefehle griffen in die kommunale Selbstverwaltung, in das zivile gesellschaftliche und private Leben der Menschen ein. Ja, Kriegszustand, ein Wort, dass eigentlich Niemand in Deutschland bis zum letzten Kriegstag so richtig verstand, dass aber verheerend wirkte.

Die alte preußische Hauptstadt hat eine so gewaltige Entwicklung genommen; sie hat in ihrer Nähe gelegenen kleineren Stadt- und Dorfgemeinden an sich mit herangezogen, daß man heute unter „Groß-Berlin" eine Art Stadtprovinz mit Millionen von Einwohnern versteht. So viel Einwohner hat nicht einmal die gesamte Schweiz und nicht einmal das große Land Norwegen. Groß-Berlin ist der Sammelpunkt vieler Tausende von Familien geworden, die aus den verschiedenen Provinzen und Ländern des Deutschen Reiches zusammenströmten, um hier Geld zu verdienen und emporzukommen.

Im Weichbild von Groß-Berlin (Stadtbezirk Berlin und 17 Vororte) lebten 1914 3.989.354 Menschen. Die Zahl der Eheschließungen betrug 38.670.
Bereits nach der Jahrhundertwende präsentierte sich Berlin als eine motorisierte Metropole. 1902 musste der erste Polizist zur Verkehrsregelung auf den „Linden" abgeordnet werden. Mit dem Krieg beruhigte sich der Straßenverkehr im Zentrum und nahm andere Richtungen. Durch die Kriegserklärung Rumäniens an die Mittelmächte trat akuter Mangel an Petroleum und damit an Motorkraftstoffen ein. Neue Omnibuslinien, seit 1913, zwischen den Stationen der Hoch- und Untergrundbahnen mussten eingestellt werden. Der Allgemeinen Berliner Omnibus-Aktiengesellschaft gelang es eine einzige Linie mit drei Fahrzeugen, von insgesamt 303 Omnibussen, aufrecht zu erhalten.
Von 7348 zugelassen privaten Autos beschlagnahmte die Militärbe-

hörde 992 für den Fronteinsatz. Infolge weiterer Einschränkungen verkehrten 1917 nur noch 865 private PKW auf den Straßen, mit Ausnahmegenehmigungen für einen dienstlichen Grund. Selbst die Fahrtrichtung wurden festgeschrieben und die Mitnahme von Personen untersagt. Und noch im Herbst 1919 wurde ein Nachtfahrverbot für private PKWs ausgesprochen, da Galizien und Rumänien immer noch kein Erdöl lieferten und Motorkraftstoffe hauptsächlich aus Benzol produziert wurden, das bei der geringen einheimischen Steinkohleverkokung für die Stahlindustrie entstand.

Ein verändertes Bild bot ebenso der öffentliche Straßenbahnverkehr. Einige Straßenbahnlinien blieben verwaist bzw. konnten weniger befahren werden, zugunsten der Verbindungen zu den Orten der Kriegsindustrie, insbesondere zu Arbeitsbeginn und Arbeitsschluss der Arbeiter. So 1917 nach Adlershof, wo bei der neu geschaffenen „Flugzeugmeisterei" 26.000 Beschäftigte im Zentraldepot für die technische Ersatzteilversorgung aller Fliegerformationen arbeiteten. Nach Charlottenburg (Suarezstraße 31) fuhren täglich 100 Offiziere, 800 Mannschaften, 600 Frauen in Kanzleianstellung und 200 Zivilhilfdienstpflichtige, um für die deutsche Fliegertruppe die Materialbestellungen abzuwickeln. Ende 1917 waren über 40.000 Frauen in der Kriegsindustrie beschäftigt und viele mussten mit weiten Anfahrtswegen kreuz und quer durch die Stadt fahren.

„Die Straßenbahn ist durch die übergroße Beanspruchung vom Publikum als kriegsindustrielles Unternehmen anzusehen … Die Einnahmen der Große(n) Berliner Straßenbahn betrugen für das Jahr 1914 40.893.855 Mark und steigerten sich 1917 auf 59.572.304 Mark."

Dagegen verschwanden die Radfahrer ab 1917 aus dem Berliner Verkehrsbild. Die Bereifungen wurden für die Front beschlagnahmt (Kautschukmangel) und zum Benutzen des Rads war eine behördliche Erlaubnis notwendig geworden, die praktisch nur noch für besondere berufliche Fahrten galt.

Aus einem weiteren Grund zog Stille ein. Im gewohnten Großstadt-leben fehlte der Baulärm, Bauarbeiter, Gerüste, Kräne erblickte man immer seltener oder schließlich gar nicht mehr. An infrastrukturellen Großprojekten konnte 1913 der Osthafen abgeschlossen werden, der Bau des Westhafens begann 1915, aber mehr als Prestigeprojekt, um der Welt zu zeigen, dass Berlin lebte. Schöneberg weihte 1914 das neue Rathaus ein und verband seinen Stadtpark mit dem Wilmers-dorfer Seepark. Neukölln eröffnete im April 1914 den neuen Schiff-fahrtskanal mit 2 Häfen und mehreren Speichern. In der Großstadt des Südostens wurde die Baugewerkschule und die Taubstummen-anstalt fertiggestellt und der Rathausanbau zum Abschluss gebracht. Lichtenberg begann den Bau der Gartenstadt für die Straßenbahner.

Fertiggestellt wurden 1915/16 die Hindenburgbrücke (Bösebrücke), der Neubau des Bahnhofs Friedrichstraße und der Erweiterungsbau der Luisenschule, angefangene Erweiterungsarbeiten an der Berli-ner Nord-Süd-Bahn und der Schnellbahn Neukölln-Gesundbrunnen konnten notdürftig zu Ende gebracht werden, weiterhin Spree-Un-tertunnelungen im Bereich der Friedrichstraße und zwischen Janno-witz- und Waisenbrücke. Ab 1917 war jedoch die Bautätigkeit im Tief- und Hochbau auf null heruntergefahren und auch keine Woh-nungen wurden mehr gebaut, was verhängnisvolle Folgen für die Nachkriegszeit hatte.

Denn wie andere Berufsgruppen kämpften die Maurer, Dachdecker oder Zimmerleute an der Front. Für das Jahr 1917 konnte der Arbeit-geber-Nachweis des „Verbandes der Baugeschäfte von Groß-Berlin" lediglich 977 Stellen besetzen. Zudem produzierte die Bauindustrie stark reduziert Ziegelsteine und Zement, und wenn ja, forderte die Heeresleitung die Produkte für die Front ab und was der Zivilge-sellschaft übrigblieb, erhielt sie dann zu überteuerten Preisen. So entstanden im letzten Kriegsjahr im Stadtbezirk Berlin nur 6 Gebäu-de, davon ein Wohnhaus. Charlottenburg baute 5 Häuser, davon drei zum Wohnen. Schöneberg, Wilmersdorf, Steglitz gleich Null usw.

Die Frontsoldaten kehrten heim, bis Herbst 1919 folgte der größte Teil der Kriegs- und Zivilgefangenen aus England und Frankreich, junge Leute wollten endlich Familien gründen und Rückkehrer sowie Flüchtlinge und Vertriebene aus den Ostgebieten suchten Berlin auf.

Der Groß-Berliner Wohnungsmarkt benötigte für 1919 mindestens 60.000 und 1920 etwa 50.000 neue Wohnungen, um halbwegs einen Ausgleich für das Defizit im Wohnungsbau im Krieg zu schaffen.

Von 1914-1918 zogen die Männer massenweise ins Feld und Berlin wurde femininer. Aus dem Stadtbezirk Berlin rekrutierten die Bezirkskommandos bis Oktober 1914 80.000 Männer. Bis zum Kriegsende mögen es etwa 600.000 gewesen sein. Am Tage der Volkszählung 1917 (5. Dezember) betrug der männliche Anteil an der „anwesenden" Bevölkerung im Stadtbezirk Berlin bloß noch 37,6 Prozent, in der Reichshauptstadt lebten rund 500.000 Frauen mehr als Männer. Die Anzahl der Männer hatte sich innerhalb eines Jahres (von 1916 zu 1917) um knapp 200.000 reduziert. Ähnliche Relationen entstanden in anderen Städten und Vororten Berlins. Einzig die Stadtgemeinde Spandau wies 1917 aufgrund der ansässigen Kriegsindustrie ein ausgeglichenes Verhältnis zwischen Männern und Frauen auf.

Durch die Frauen wurde Berlin nicht bunter, im Gegenteil. Die Kriegspropheten schrieben den Damen die Kleidung vor. Eng und nicht zu bunt, sollten die Kleider sein und vor allem musste an Stoff gespart werden. Selbst die Trauernden sollte sich nicht zu lange in der Farbe Schwarz zeigen. Nach dem Krieg, Sommer 1919, schrieb ein Korrespondent des „Pariser Journals" über die Berliner Mode: „Schuhwerk und Kleidung sind unerschwinglich, viele Frauen haben darauf verzichtet Hüte zu tragen. Sie haben daraus eine Art Mode gemacht. Zahlreiche Kinder, gut erzogene Kinder, laufen barfuß." Andererseits zeigten sie aber wieder Taillen und Hüften.

Ende 1917 registrierte der Stadtbezirk Berlin ca. 10.000 Kriegerwitwen.

Die letzte, allseits gefürchtete Post vom Tod des Soldaten kam ins Haus, dazu ein Gedenkblatt vom Regiment und mitunter ein persönlicher Feldbrief des Vorgesetzten über den Heldentod.

Tausende Berliner blieben in fremder Erde zurück, in einem schlichten Soldatengrab, Hügel oder Massengrab, in Belgien, Frankreich, Russland, Polen, Galizien oder Rumänien. Bereits in den ersten fünf Monaten des Krieges im Westen mussten für das deutsche Feldheer mit 142.000 Gefallenen und 540.000 Verwundeten hohe Verluste beklagt werden, mehr als dreimal so viel wie im Krieg 1870/71. Sie übertrafen selbst die späteren Materialschlachten von Verdun oder an der Somme von 1916.

Ebenso tragisch verlief das erste Kriegsjahr im Osten in den Schlachten gegen Russland. Anfang 1918 konnten sich die Besucher auf der österreichischen Kriegsgräberausstellung in der Berliner Sezession am Kurfürstendamm von den Gräberfeldern um Krakau ein Bild machen. Fotos und Zeichnungen gaben Ausschnitten von in den Jahren 1916 und 1917 angelegten 19.978 Einzel- und Massengräbern auf 378 Kriegsfriedhöfen.

Wenige Angehörige besaßen die finanzielle Möglichkeit die Gefallenen heimzuholen. Rings um Deutschland tat sich ein Wall von Gräbern auf. Andere Kriegsteilnehmer fanden im Meer ihr unbekanntes Grab.

Auch in Berlin erweiterten sich die Friedhöfe mit Soldatengräbern (in Wilmersdorf, Zehlendorf, Schönow, Wannsee, Dahlem, Schöneberg, Steglitz, Lichterfelde, Neukölln, Treptow, Bohnsdorf, Köpenick, Hohenschönhausen, Weißensee, Pankow, Reinickendorf, Friedrichshagen, Grünau, Rahnsdorf, Lichtenberg, Marzahn, Kaulsdorf, Spandau, Haselhorst oder Staaken). Zum großen Teil fanden in den Lazaretten verstorbene Soldaten und Offiziere aus vielen Orten Deutschlands ihre letzte Ruhestätte. In Lichtenberg wurden bis zum 1. November 1914 150 fremde Kriegsteilnehmer begraben.

Die Soldatengräber sind die
großen Prediger des Friedens,
und ihre Bedeutung als solche
wird immer mehr zunehmen. (Albert Schweitzer).

Zurück blieben die Frauen. Sie füllten die zweite, die innere Front aus, wie es in der gängigen Kriegspropaganda hieß. Bislang waren Männer die Haupternährer und das juristische Oberhaupt der Familie, obgleich die Anzahl der selbstbewussten Frauen längst gewachsen war, dominierte die traditionelle Familienstruktur in der Wilhelminischen Zeit. Der Krieg veränderte auf den Schlag die soziale Stellung der Frau im historischen gesellschaftlichen Gefüge, von der Kindererziehung bis zum Geldverdienen.

Die Frauen mussten sich wirtschaftlich und sozial neu orientieren, um zu überleben und gewissermaßen über sich hinauswachsen. Staat und Kommune traten für die finanzielle Unterstützung betroffener Familien ein, um die unmittelbare Notlage zu lindern.

Berlins Frauen organisierten sich in den Vaterländischen Frauenvereinen oder im Nationalen Frauenbund, sie sammelten Geld für in Not geratene Mitgenossinnen und Familien, sie schufen mit Arbeitsnachweisen, Nähstuben usw. zeitgemäße Möglichkeiten zur Erwerbstätigkeit, sie engagierten sich in der Krankenpflege, halfen in der Massenspeisung. Und was gaben die Frauen alles her, von getragener Kleidung bis zum Schmuck und Frauenhaar. Aus dem Haar fertigte die Industrie Ersatzmittel für Treibriemen, Filzplatten und insbesondere Dichtungsringe für die U-Boote. Der Erlös (pro kg 14 Mark) kam dem Roten Kreuz zugute.

Für das alltägliche Leben in Berlin wurde die Tageszeitung unentbehrlich, doch sämtliche Informationen vom Kriegsgeschehen unterlagen der Zensur und viele Meldungen oder Bekanntmachungen dienten der Kriegspropaganda, ausgenommen der Annoncen- bzw. Inseratenteil. Im weiteren Kriegsverlauf verschärften sich die Zensur-Maßnahmen. Für die Berliner Zeitungsredakteure war es schwer die Balance zwischen Kriegsberichterstattung, Propaganda und noch wahrheitsgemäßer, regionaler Information zu meistern.

Für die Verbindung von Front und Heimat wurde die Feldpost ebenso wichtig. Sie gewährte insbesondere die emotionale Bindung der Familien untereinander und für viele, über vier lange Jahre lang. Die Feldpost kam erst Ende August 1914 in Gang, die persönlichen Soldaten-Briefe und Karten in die Heimat wurden von den unmittelbaren militärischen Vorgesetzten kontrolliert: militärische Informationen waren verboten und negative Aussagen nicht erwünscht, man forderte Siegesgewissheit und Tapferkeit usw. Bald war auch das verbreitete Tagebuchschreiben der Soldaten nicht mehr erlaubt.

Nachrichten vom schweren Schicksal der Soldaten trafen dennoch durch die amtlich publizierten deutschen Verlustlisten ein.

Veröffentlicht wurden vermisste, verwundete, gefallene oder in Gefangenschaft geratene Soldaten und Offiziere mit Namen, Einheit, Geburtsdatum und Geburtsort. Ein dickes Buch der Leiden wurde geschrieben und ein Ende war nicht abzusehen.

Die deutschen Verlustlisten endeten mit der Nr. 2417 vom 20. Mai 1919, und wurden im Oktober des Jahres aus finanziellen Gründen endgültig eingestellt. Sie enthalten etwa 2 Millionen Einträge mit dem Geburtsort Berlin. Nachträge folgten bis 1933.

2   Auf zum Militär

Der gegenwärtige Krieg hat den sogenannten „letzten" Mann herangeholt; was nur eben tauglich war, musste in den Dienst innerhalb oder außerhalb unserer Grenzen.

Die Daheimgebliebenen konnten von Aushebung zu Aushebung verfolgen, wie den Ganztauglichen nach und nach die Halbtauglichen folgten, bis nur sogenannte Untaugliche übrig blieben.

Unter diesen gab es eine große Anzahl äußerlich ganz ansehnlicher und strammer Leute, die ein inneres Leiden, meist ein Herzfehler, zum vaterländischen Dienste untauglich machte.[1]

Die alljährliche Meldung zur Militärdienstpflicht[2] der Jahrgänge, die im Verlauf des nächsten Jahres das 20. Lebensjahr erreichten, wurde mit öffentlichen Bekanntmachungen in den Berliner Zeitungen angekündigt; das war seit Jahrzehnten so, auch Ende 1913, 1914 und blieb bis 1917 so, nur verjüngte sich im Krieg das Eintrittsalter auf das vollendete 17. Lebensalter, durch die hohen Kriegsverluste wurde jede gesunde menschliche Reserve benötigt.

Vom 1. bis 15. Dezember 1913 mussten sich alle jungen Männer der Aushebungsbezirke aus dem Jahrgang 1894 in den Polizeibüros melden, um sich in die Stammrolle für den Militärdienst eintragen zu lassen. Wer der Aufforderung nach Paragraf 25 der Wehrordnung nicht folgte, dem wurden wegen Verletzung der Wehrpflicht eine Geldstrafe bis zu 30 Mark oder als Ersatz 3 Tage Haft angedroht. Dadurch wurde von staatlicher Seite ein gewisser Druck auf die jungen Männer ausgeübt, damit sie ihrer Militärpflicht an Vaterland und Kaiser nachkamen.

Doch war der moralische Druck zu dieser Zeit kaum notwendig, denn Schlagworte wie Pflichtbewusstsein und Ehre gehörten zur Erziehung in der Wilhelminischen Zeit.

Die „Jung-Männer" Berlins, wie sie genannt wurden, stiegen auf in die Kategorie der registrierten Militärpflichtigen in den Gemeinden. Dieses zivile „Rekrutengeschäft", denn hier arbeiteten Staat und Kommunen mit dem Militär eng zusammen, war in jeder Hinsicht nützlich, denn in kurzer Zeit wusste die deutsche Heeresleitung zumindest auf dem Papier, mit welchen militärischen Reserven sie pro Jahrgang pauschal rechnen konnte. Beispielsweise schrieben sich 1913 im gesamten Kaiserreich 587888 junge Leute des Jahrgangs 1893 in die Stammrollen ein.

Die jungen Männer, meist aus den Industrie- und Handwerksbetrieben zum Beispiel, waren in der Zeit vor dem Krieg oft in den Turnvereinen organisiert und sie sahen der Einschreibung in die Stammrolle gelassen entgegen. Bis zum Weltkrieg waren die Pfade der Rekrutierung verschlungen und langwierig, es gab viele militärbürokratische Formalitäten einzuhalten. So erfolgte nach der fristgerechten Einschreibung in die Stammrolle im März die persönliche Musterung auf physische und psychische Eignung hin, auf Gewicht, Körpergröße, Brustumfang, Sehschärfe und körperliche Fehler. Zur Untersuchung wurden vorher die jungen Männer angemahnt, mit „rein gewaschenem Körper und sauberer Kleidung" zu erscheinen.

Und nach der Musterung entschied in Friedenszeiten eine Losnummer über den Zeitpunkt des aktiven Militärdienstantritts. Denn die Anzahl der gemusterten Militärdiensttauglichen überstieg bei Weitem die Zahl derjenigen, die tatsächlich ausgehoben wurden.

Jährlich zog das Kaiserreich etwa 280000 neue Rekruten ein, über 60000 mehr hätte es mitunter sein können.[3] Und so entschied über den Tag der Einberufung zunächst das Los und damit regierte für den Einzelnen oft der Zufall. Eine hohe Loszahl, die man am Ende der Musterung auf dem Losungsschein mit nach Hause nahm, schob den Militärantritt in weite Ferne.

Wen das Los aber sofort traf, für den begann im Oktober des Jahres der 2-3-jährige aktive Wehrdienst im Militärbezirk des 3. und 4. Armeekorps (Brandenburg und Berlin) als Kasernenrekrut. Und die Verabschiedungen zur Armee im Herbst erfolgten feierlich durch die Vereine und in der ganzen Stadt. Wie gesagt, die Einberufung war eine Ehre und Pflicht und dem wurde durch die Gemeinde ein öffentlicher festlicher Ausdruck verliehen.

Die Berliner Turnerschaften unter Vorsitz von Dr. Diebow verabschiedeten ihre Jungs entsprechend würdig und veranstaltete für die zukünftigen Rekruten einen geselligen Abend, wo ältere Redner von Stolz und Ehre der Jugend und von der Pflicht an Vaterland und Kaiser sprachen.

Sport stählte den Körper und machte die jungen Männer fit für den Drill in den Kasernen und besonders für lange Märsche im kommenden Krieg. Und diese Strapazen kamen mit Kriegsbeginn auch sofort auf die Soldaten zu:

> 14. August 1914
>
> Glühend brannte die Sonne auf die endlose Marschko-
> lonne. Dicht lastete der Staub über den Marschieren-
> den und immer bergauf, bergab, bergauf. Und weiter,
> immer weiter! Bei Gemmenich ging es mit brausen-
> dem Hurra über die Grenze. Das vielen noch unge-
> wohnte, schwere Gepäck drückte; die neuen Stiefel
> und Uniformen waren unbequem, doch keiner baute
> ab. Manch einer hat in jenen heißen Vormarschtagen in
> vorbildlicher Kameradschaft zwei Tornister geschleppt
> .... Am Abend wurde endlich nach fast 50 km langem
> Marsch bei sengender Hochsommersonne Aux Saules
> erreicht.[4]

In der Tat begann zu Friedenszeiten für die Männer immer im
Oktober ein neuer Lebensabschnitt, kaum einer von den Jungen
wusste um die realen Veränderungen und Anforderungen, sie
verbrachten die Zeit bis zum Auszug, so wie junge Leute es zu
tun pflegten, sehr ausgelassen und zügellos. Die alljährlichen
Herbstfeste gaben beste Gelegenheit den bevorstehenden Abschied lang und in die Nacht hinauszuzögern. Nicht nur dies,
gelegentlich zogen die jungen Rekruten in Gruppen von Haus
zu Haus und lockten den gutmütigen Leuten Essen und Geld
aus der Tasche. Natürlich wurden aus der Bürgerschaft darüber
Klagen geführt, doch war es Jahr für Jahr dasselbe ungezügelte
jugendliche Spektakel, jedenfalls bis Oktober 1913.
Mit Kriegsbeginn, August 1914, wurde so ein wildes Beneh-
men nicht mehr geduldet, sondern von der Polizei verboten.
Dem „Umherflirten von jugendlichen Personen beiderlei Geschlechts" nach 21 Uhr auf den Straßen wurde ein Ende berei-

tet.

Und vier Jahre später, 1918, da waren die halbwüchsigen Rekruten
nicht mehr die von 1913. Sie wurden nicht mehr mit 20 Jahren eingezogen, sondern ab Juni 1917 schon mit 18.
Die jungen Leute lebten 1914-18 gerade in den wichtigsten Jahren
der physischen und geistigen Entwicklung, also vom 14. bis zum 18.
Jahr, unter ganz abnormen Verhältnissen. In der Ernährung waren
sie schlechter gestellt, als ihre Altersgenossen vor dem Krieg. Viele erlebten das Unglück und die Schwere des Lebens durch Verlust
und Tod. Sie lernten mit unzufriedener Kritik im öffentlichen und
in ihrem privaten Leben umzugehen und standen womöglich schon
selbst frühreif im Chor der Beschwerdeführer. Andererseits genoss
ein großer Teil vermöge der kriegswirtschaftlich bedingten hohen
Löhne und Gehälter die Freuden des Lebens mehr, als ihrer Jugend
dienlich und angemessen war.

Mit dem Januar 1914 und nicht erst mit dem 1. August 1914, er-
höhte sich der Arbeitsaufwand für die „Königlichen Ersatzkommis-
sionen" enorm. Die militärischen Regularien für die Rekrutierung
veränderten, verschärften sich. Bei der Militärmusterung wechselte
die medizinische Tauglichkeitsbewertung von bisher einer Stufe auf
zwei. Stufe I bedeutete tauglich, sofort rekrutierungsfähig und Stufe
2 ebenfalls tauglich, aber erst in Aussicht, zeitweise Zurückstellung
und Nachmusterung.
Apropos Nachmusterungen, das Militär brauchte jeden Soldaten.
Schon im Mai 1914 sprach man im Kaiserreich von einer Aufstok-
kung der auszubildenden Soldatenzahl auf das Mehrfache. Von Januar bis Juni 1914 beorderten die „Königlichen Ersatzkommissio-
nen" viele Wehrpflichtige zur erneuten Musterung, die von 1912 an,
aus gesundheitlichen Gründen zurückgestellt, ausgemustert oder aus
dem aktiven Wehrdienst vorzeitig entlassenen worden waren. Die

meisten Kandidaten erhielten nach erneuter medizinischer Begutachtung nun die Truppendiensttauglichkeit zu gesprochen, wenige schrieben die Militärärzte bedingt tauglich und noch weniger entließen sie jetzt aus der Wehrpflicht.

Das Losungssystem verlor durch den Krieg seine Bedeutung und wurde schließlich durch den hohen Bedarf an Soldaten immer weiter eingeschränkt. Im Krieg erfolgte die Einberufung der jungen Rekruten und der älteren Landwehrmänner in die Garnisonen Woche für Woche, wie eben die erweiterten bzw. neu gebauten Garnisonsgebäude im Kaiserreich bezogen werden konnten oder wie die alten Kasernen von den an die Fronten ausgezogenen Einheiten leer gezogen waren.

Gegen einen Kriegseinsatz gab es nur noch wenige akzeptierbare gesundheitliche Gründe. Durch das 1915 vom Reichstag verabschiedete „Gesetz zur Abänderung des Reichsmilitärgesetzes sowie des Gesetzes, betreffend Änderungen der Wehrpflicht, vom 11. Februar 1888", wurde die nochmalige Musterung der früher dauernd untauglich befundenen Wehrpflichtigen im Krieg legitimiert und unter ihnen etwa 500.000 Kriegsteilnehmer heraus gesondert. Die Militärärzte waren angehalten strenge Maßstäbe für gesundheitliche Entlassungsgründe aus der Wehrdienstpflicht anzulegen:

- Dass sich häufig Mannschaften unter Angabe schwer zu kontrollierenden Erkrankungen, wie Rheumatismus, Herzleiden und so weiter dem Dienst an der Front entziehen. Die Truppenärzte müssen in dieser Beziehung unbedingt einen strengen Maßstab anlegen. Besonders eindringlicher Hinweise wird es bedürfen bei den Reserve-, Landwehr- und Landsturmtruppenteilen, bei denen Militärärzte des Beurlaubtenstandes, die zum Teil zu weniger militärische Auffassung neigen, den Sanitätsdienst versehen. Gezeichnet von Falkenhayn, Großes Hauptquartier den 11.

August 1915.

•

Für „kampfunfähige" Männer führte das Kriegsministerium die Einstufungen gv (garnisonsverwendungsfähig) und av (arbeitsverwendungsfähig) ein. Sie waren nur vom direkten Gefechtsdienst befreit, konnten aber als Burschen, Ordonanzen, Schreiber, Köche, Handwerker, Trainpersonal, Wachmannschaften usw. ebenso im „Besatzungsheer" (Festungen, Garnisonen, besetzte Gebiete) eingesetzt werden.

Um weiteres Menschenmaterial zu erschließen, erlaubten kaiserliche Gnadenerlässe[5] für Waffentaugliche die Gefängniskluft mit der grauen Felduniform zu vertauschen. „Die Strafe ist in Gnaden erlassen" hieß, sie braucht, wenn noch nicht verbüßt, nicht angetreten; oder wenn schon angetreten, nicht weiter verbüßt werden. „Kleinkriminelle" (mit Gefängnisstrafen unter einem Jahr und ohne Ehrenverlust) machten davon Gebrauch und wurden direkt aus den Strafanstalten in den Krieg befördert. Zu Hause beantragten die Eltern bzw. Ehefrauen bei den Stadt- bzw. Amtsgerichten die Streichung der Zivilstrafen aus den Akten. Allerdings meldeten sich nur etwa 1500 Häftlinge freiwillig in den Krieg von insgesamt 300.000 Inhaftierten (einschließlich Frauen) im Kaiserreich.

Zu Kriegsbeginn bezogen sich die Gnadenerlasse ebenso auf Militärangehörige. Mit Arrest bestrafte Soldaten mussten entlassen und den zuständigen Armeekorps zugeführt werden. Die aus dem Festungsgefängnis Spandau zur Entlassung kommenden Mannschaften des Gardekorps waren wieder den Truppenteilen des Gardekorps zu überweisen.

Im Weltkrieg 1914-18 wurden dann so viele deutsche Männer für den Dienst im Heer rekrutiert wie nie zuvor. Für Deutschland kämpften 13,3 Millionen Männer. Dazu waren im letzten

Kriegsjahr 1918 rund 2,5 Millionen deutsche wehrpflichtige Männer in der heimatlichen Kriegsindustrie tätig. Insgesamt wird die
Zahl der Soldaten aus allen beteiligten Ländern im „Großen Krieg“
auf etwa 70 Millionen geschätzt.
 Den Hinterbliebenen von deutschen Gefallenen standen „Gnaden-
löhnung“, Weiterzahlung von einer Monats-Löhnung, Kriegerwit-
wengeld bzw. Waisengeld oder Kriegselterngeld zu.

**Männer-Turnverein "Mariendorf" (Tempelhof) Rekrutenfeier
1913**

Exkurs: Berliner Turner im Kriegsjahr 1916

Männer-Turnverein zu Friedenau - Deutsche Turnerschaft, Havelgau.[6]

Soeben kommt die an von dem Vizefeldwebel Franz Auerbach gesandte Liebesgabe mit dem kurzen, inhaltsschweren Vermerk „Gefallen auf dem Felde der Ehre" zurück, und die still gehegte Freude, diese Nummer ohne Todesanzeige bringen zu können, ist dahin. Wir betrauern in Auerbach, der schon im Sommer 1915 mit dem Eisernen Kreuz ausgezeichnet wurde, ein junges lebensfrohes Mitglied der 3. Männerabteilung und werden sein Andenken in Ehren halten.

Mit dem Eisernen Kreuz wurden ausgezeichnet: K. Gallin, 1. Männerabteilung, W. Gürlich, 1.

In nachfolgenden Seiten finden unsere Leser wieder die an den Verein gelangten Briefe und Karten aus dem Felde. Sie sind nicht so zahlreich gewesen, als es sonst in dreimonatlicher Pause der Fall war. Das bringt die Dauer des Krieges so mit sich, man gewöhnt sich allmählich an den Zustand und empfindet das Ungeheure, das täglich und stündlich auf allen Fronten geschieht, nicht mehr mit der Ursprünglichkeit früherer Monate. Und doch liegt eine gewaltige Spannung über uns allen. Unsere Augen schauen nach Osten, nach Westen und nach Süden, nach dem Ozean, dem Eismeer und dem Mittelmeer, überall verfolgen wir mitfühlenden Herzens die in der Weltgeschichte unerhörten Leistungen unserer Heldenscharen, die dem Ansturm der ganzen Welt mit einer Tapferkeit und Ausdauer standhalten, für die es keine Worte gibt.
27 Monate Krieg und noch ist das Ende nicht abzusehen. Gleich den alten Germanen kämpft das ganze deutsche Volk, Männer, Weiber und Kinder, um seine Daseinsberechtigung, um den Platz an der

Sonne, der ihm nach seiner ruhmreichen Geschichte gebührt. Draußen halten die wehrhaften Männer den anstürmenden Feindesmassen stand, daheim sind wir bemüht, den gemeinen Aushungerungsplan unserer Gegner zu schanden zu machen. Geht es dabei nicht immer ohne Beulen ab, so muß das als unabwendbares Kriegsgeschick mit in den Kauf genommen werden. Aber gelingen soll es unseren Feinden nicht! Ihre Pläne sind bisher gescheitert, sie werden auch ferner scheitern an dem Geiste und der inneren Stärke unseres Volkes. Dazu laßt uns, liebe Turngenossen, jeder an seinem Teile nach besten Kräften beitragen. F.

1. Männer-Abteilung

Bernecker, Bruno, sitzt wieder auf der Wacht im Osten an der Düna und Berse, schickte mehrere Grüße, auch an die Schülerabteilung, und schreibt, daß sie derart schlechtes Wetter haben, daß nicht mal die Unterstände trocken bleiben, und daß sie zuweilen lieber auf das Essenholen, wozu freilich 1 Stunde Weg nötig ist, verzichten. Sonst nicht viel Neues, Posten stehen und feste arbeiten ist die Hauptsache.

Bernecker, Hans, hat sich beim Turnen natürlich auch eine gute Nummer geholt, fühlt sich im Übrigen bei der Ausbildung ganz wohl. Während seines Urlaubes war er selbstverständlich, so oft es ging, auf dem Turnsaal, auch die Knabenabteilung hat er besucht und dadurch sein turnerisches Interesse aufs Neue bekundet.

Burghardt, Arthur, ist unerwartet schnell bis weit hinter Warschau gekommen. In dem Städtchen sind die Russen, meist Frauen und Kinder, zurückgeblieben. Es macht, dank der deutschen Verwaltung, einen ganz leidlichen Eindruck. Viel zu haben ist aber da nicht. Sonst geht es ihm gut.

Gallin, ist nach seinem kurzen Urlaub, währenddessen er zu seiner großen Freude mal wieder kräftig an den alten Geräten turnen konnte, wieder in Frankreich gelandet.

Gürlich, hat den Westen mit dem Osten vertauscht. Dank seiner Ausbildung in München und Friedenau fällt ihm das Bergesteigen nicht so schwer, so daß er trotz großer Strapazen noch wohlauf ist. Er sendet Grüße aus 1345 m Höhe.

Kitzler, ist in Neuruppin und bei dem nicht sehr schweren Dienst ist sein Bein so leidlich wieder in Schwung gekommen. Ob das von Dauer sein wird? Urlaub gibt es nicht.

Koppe, war eine Zeitlang krank gewesen, nun aber wieder leidlich hergestellt und im Felde tätig. Er teilt mit, daß auch Erich Bomblies, auf dem Felde der Ehre gefallen ist. Er muß wie jeder andre mit in die vorderste Stellung, um die Verwundeten unter Lebensgefahr oft stundenweise zurückzutragen, soweit bis sie fortgefahren werden können.

Kraft, liegt bei Gorodischtsche. Minen und Handgranaten sind an der Tagesordnung, auch die Artillerie ist sehr tätig und täglich gibt es Verluste.

Lucht, war im Hexenkessel vor Verdun, wo er den letzten Tag im Dienst eine größere Schienbeinverletzung beim Sturz mit einem Verwundeten erhielt, als in der Nähe eine schwere Granate aufschlug. In der Ruhestellung erholte er sich. Jetzt ist er in den Karpathen, wo der Krankenträgerdienst genauso gefahrvoll ist.

Mosig, hat jetzt jeden Abend Fliegerbesuch, die systematisch alle Orte hinter der Front bombardieren.

Reinhardt, hofft durch tägliche schwarze Duschen seiner Potentaten jetzt etwas abzuhärten und unempfindlich zu machen, denn, selbst wenn die Sonne noch so heiß brennt, seine geehrten Knochen sind und bleiben eiskalt. Er möchte gern mal Schwanenfranze als Kantinenwirt wirken sehen, da kann doch vor Lachen kein Kerl zum Trinken kommen.

Rook, hat wieder verschiedene Ansichtskarten geschickt, die sehr schön sind. Sein Küchenzettel im August war: Sonntag Weißkohl, Montag Kohlrabi, nachmittags Kartoffelpuffer zum Kaffee, Dienstag Schmorbraten, Mittwoch Milchreis mit Zucker und Zimt, Donnerstag Gullasch, Freitag Reissuppe, abends Haferflocken in Milch. Sonnabends nichts, da morgens 9 Uhr abmarschiert wurde.
Später schickt er folgende ausführliche Schilderung:
Endlich komme ich dazu. Euch eine kleine Schilderung von unserem rauen Kriegerhandwerk zu geben. Dienst haben wir von 8-1 Uhr mittags, Tags vorher Nachtdienst, nachmittags eilig Leitungen bauen, strömender Regen. Abends: wer will Nachtdienst machen? Ich melde mich freiwillig und trete um 9 Uhr meinen Dienst an, bis morgens 8 Uhr. Ich sitze am Vermittlungsschrank beim Schein der Lampe einer Station zwischen Brigade und Division und stelle Verbindungen her, hier kommen wichtige Generalstabsberichte, dort wird der Hauptverbandplatz gewünscht, dort die Artillerie usw. und draußen dröhnt der Kanonendonner und die Erde erzittert, ein ewiges Rollen, als ob die Welt untergehen soll.
Liebe Turngenossen daheim, Ihr könnt Euch ja keine Vorstellung machen, selbst das stärkste Gewitter ist nichts dagegen. Wir liegen auf einem Berge am Rande eines Waldes unter dichten Bäumen verborgen, so daß wir von Fliegern nicht beobachtet werden können, auch Fesselballone haben keine Einsicht. Am Tage bei schönem Wetter kann man den ganzen Teil der Schlachtfront beobachten,

sieht man noch dazu durch ein Scherenfernrohr bis in die feindl. Linien.

Nachts sieht sich das Feuer der Geschütze schaurig schön an, ein ewiges Aufblitzen von Feuerschlünden, hüben und drüben. Die Dörfer vor und um uns sind vollständig von der Bevölkerung geräumt und teilweise dem Erdboden gleich gemacht, am Tage sieht man die Trümmerhaufen liegen und Rauch steigt aus ihnen empor.

Nicht genug das, immer und immer wieder schlägt Granate um Granate dort ein und immer toller wird das Feuern, man kennt schon weiter nichts mehr und hat sich daran gewöhnt; mit dem Donner der Geschütze schläft man ein, wenn man überhaupt schlafen kann, und schläft so ruhig wie daheim und mit noch stärkerem Donner steht man wieder auf und geht an sein Tagewerk.

Es gibt hier keinen Sonnabend und keinen Sonntag, keinen letzten und keinen ersten. Tag für Tag dasselbe Bild, daß man Datum und Monat vergißt. Vor uns die Straße wird dauernd unter Feuer gehalten und ist am Tage nicht zu benutzen, des Nachts nur mit größter Lebensgefahr.

Die Pappeln, der häufigste Straßenbaum Frankreichs, sind nur noch Stümpfe, da braucht es keinen Herbst, damit die Blätter abfallen! Ein trostloses Bild, das noch trostloser wird, je weiter man nach vorn kommt.

Unseren Berg haben die Franzmänner und Engländer noch immer so leidlich verschont. Einige feindliche Grüße schlugen ganz in unserer Nähe ein, wir wurden mit einem Hagel von Sprengstücken und Erde bedacht, andere gingen kurz über uns hinweg; aber alles glücklich verlaufen.

Am 10. 10. wurden wir abgelöst, unser Unteroffizier erhielt das E. K. II, der einzige in unserem Trupp, im Ganzen wurden 7 E. K. II verteilt. An Toten hatten wir 1, welchem beide Hände abgerissen wurden, an Verwundeten 4.

Jetzt liegen wir in Ruhe, wie lange wir hierbleiben, weiß ich nicht.

Nun will ich den Turngenossen noch eine kleine Schilderung unseres Heimes geben. Ein aus Holz gebautes und mit starkem Zelttuch verkleidetes Häuschen mit Pappe und Zinkblech belegt. Innen an jeder Seite ein Gestell, das bis zur Decke reicht, als Schlafstätten. Der Raum eines Lagers ist so groß, daß das Sprichwort, „Kanickelbuchte" im Munde war. Als innere Ausrüstung hatten wir noble Sachen, 1 Kochofen, 3 Tische, 2 Sessel, sogar ein Schlafsessel, schöne mit Binsen geflochtene Stühle. Als Mitbewohner 1 Katze und unzählige Fliegen.

Das Wetter war im Ganzen hold und konnten wir uns viel im Freien aufhalten. Wasser mußten wir mit einer Schubkarre aus dem Tal holen. Herzlichen Gruß und kräftiges „Gut Heil" allen Turngenossen und Turngenossinnen, sowie Knaben- und Zöglingsabteilungen.

Verdun 1916

Rösener, ist hinter Warschau zu weiterer Ausbildung.

Seeliger, ist noch im Lazarett und kann bis zu seiner völligen Genesung in der zahnärztlichen Station seinem Berufe nachgehen.

Seidel, ist fußkrank im Lazarett gewesen.

Teudloff, gedenkt ans Wache der lieben Heimat. Seine Ausbildung geht rüstig vorwärts. Er ist wohlauf.

Ullrich, möchte gern wissen wo Heubaum und Smigielski sind. An seiner Front erscheinen abends Schwärme häßlicher Vögel, die auf die Ortschaften hinter der Front ihre Eier fallen lassen. Dann herrscht eine kolossale Bewegung in der Luft. Schrapnells platzen überall, Fliegerzeichen werden gegeben, Scheinwerfer spielen usw. Besonders schön ist ein Flugzeug, wenn es in das Licht eines Scheinwerfers gerät, dann sieht es aus wie ein weißleuchtender phosphoreszierender Vogel.

Walter, muß nun als Grenadier seine Wut an den Engländern auslassen, bis ans Knie im Wasser stehend.

Wirth, schickt Grüße aus dem Unterstand.

Zauter, hat es an der Somme recht schlecht gehabt, ist aber noch wohlauf, z. Zt. ans Kommando etwas weiter hinten.

Außerdem ließen von sich hören Albrecht, Albert und Johann Burmeister, Eckhardt, W. Kiewitz, Ruhnke, der an der Somme ist, Schäfer, Walter und Richard Seeger, Windisch, Zabel.

2. *Männer-Abteilung.*

Bögelsack, ist von dem Truppenübungsplatz nach Frankreich gekommen, wo er Rekruten zu drillen und sehr viel Arbeit hat. Es ist nicht einfach, 235 junge Leute zu kriegstüchtigen Soldaten heranzubilden, vom frühen Morgen bis späten Abend strammen Dienst. Auch sandte er eine Ansichtskarte, auf der seine Quartierwirtin mit ihm und einem Kameraden photographiert ist, und schreibt dazu, daß seine Wirtin ihn wie ihren eigenen Sohn betreut.

Brücker, Alfred, sitzt im Schützengraben oder bombensicheren Unterstand. Alle paar Stunden heißt es Posten stehen in der Sappe. Bei der Bahnfahrt ist er durch herrliches Land gekommen. Überall saftige Weiden mit großen Rinderherden, viel Jungvieh, Pferde mit Fohlen, gut bestellte Felder, meist Weizen, Gerste, Hafer, Klee!

Helfferich, braucht nicht zu inspizieren, Ernteaussichten I a, Landschaft hügelig, mit Busch und Wald durchsetzt, fein für Turnfahrten. Nur die Kampfzone ist gänzlich verwüstet. Glückliches Deutschland, daß du (bis auf Ostpreußen) davon verschont bliebst. Arg ist die Ratten- u. Mäuseplage, im Graben und im Quartier läßt die Bande einen nicht schlafen vor Gequietsche und Gerenne.
Vom 14. Oktober sind folgende Verse:
Wird das Morden nicht beendet. Wird Vernunft nicht doch besteh'n? Was hat die „Kultur" gespendet. Welche Schrecken muß man sehn! Minen, Hand-, Gewehr-Granaten, Zweiundvierz'ger. Gas und Rauch, Welch ein Wirrwarr ist geraten, Keulen -, aller Zeiten Brauch. Dabei heißt es auszuhalten Tag und Nacht im Feuerbraus. Bis das Eisen kommt geflogen. Löscht die Lebensgeister aus. Hier die Tommys uns bepflastern mit Gewehrgranaten sehr. Von der Flanke Minen knastern durch die Lüfte inhaltsschwer.

Bergung von Verwundeten in der Schlacht an der Somme

An der Somme war es schlimmer! Weh', in diesem Feuermeer Zweimal zu besteh'n, nein, nimmer. Dies beschreib ich keinem mehr. Fort Gedanken, flieh' Erinnerung. Aus den Augen, aus dem Sinn! Freue mich der güt'gen Schickung, daß ich noch am Leben bin. Wenn auch hier Geschosse hausen, trotzdem atmet man doch auf. Kann im Unterstände hausen. All' zwei Stund' zieht Wache auf. Morgen zähl' ich 40 Jahre! Wird mir der Wunsch gewährt, daß gesund ich heimwärts kehre. So Viktoria uns beschert?!

Diesen Wunsch, lieber Turngenosse, unterstützen wir alle von Herzen, möge er recht bald in Erfüllung gehen!

Heubaum. hat mal 2 Tage den Vergnügungsreisenden gemacht in der Hoffnung, Leutnant Bögelsack besuchen zu können, leider vergebens. Er muß deshalb alle Schönheiten allein genießen. Hat sonst sehr viel zu tun und kann daher wenig schreiben.

Kaminski, ist nach zweijähriger Tätigkeit in der Heimat nunmehr Feld-Lazarett-Inspektor einige Kilometer hinter der Front in den Vogesen, wo er seine freie Zeit benutzt, die landschaftlichen Reize der Gegend kennen zu lernen. Gleichzeitig macht er die erfreuliche Mitteilung, daß ihm am 4.10. ein Stammhalter geboren wurde, der sich hoffentlich als Mitglied des M. T. V. eifrig betätigen wird. (Das hoffen auch wir. Im Übrigen herzlichen Glückwunsch!)

Rehbein. In das ewige Einerlei des Stellungskampfes gab es am Montag früh eine interessante Abwechslung, nämlich einen oder eigentlich mehrere Fliegerkämpfe. Für den Westen ist es wohl etwas Alltägliches; jedoch hier eine Seltenheit, obschon hier bei einigermaßen Wetter Flieger stets aufklären. Also früh um 7 Uhr wurde ich durch heftiges Artilleriefeuer aufgeweckt; nach sofortigem Aufstehen entdeckte ich einen russischen Flieger, der von unsern Abwehrbatterien beschossen wurde, jedoch, wie stets, ohne Erfolg. Kurz darauf sah ich einen unserer Kampfflieger ankommen, er flog über den russ. und bald hörte ich das bekannte Tak Tak (Maschinengewehrfeuer). Der Russe flog seinen Strich weiter und setzte sich mit seinem M. G. zur Wehr. Plötzlich flog unserer etwas zur Seite und bearbeitete den Russen von dort, dann ging unser Kleiner wieder über den Panje. Auf einmal kippte der Russe und geriet während des Absturzes in Brand.
Ich mit meiner Kamera bewaffnet hin. Der Anblick war fürchter-

lich. Es war ein russ. Großkampfflugzeug und hatte 4 Insassen, 2 Offz. u. 2 Mechaniker gehabt. Die Personen lagen 40-50 m vom Apparat entfernt, vollständig zerrissen, nackt und zum Teil verkohlt. Armiert war das Flugzeug mit 3 Maschinen-Gewehren und einer Schnellfeuerkanone. Außerdem hatte es etwa 10 Bomben an Bord, die bis ans eine beim Absturz krepierten.

Während ich die beifolgenden Aufnahmen machte, kam der zweite Panje und warf auf die Zuschauer Bomben. Die Dinger verfehlten jedoch ihr Ziel, zündeten aber in der Nähe ein Haus an. Auch das sollte nicht ungestraft bleiben; denn schon kam von uns ein neuer Flieger und griff den Russen an. 30 M.-G.-Schüsse genügten, den Panje unter Hurrageschrei unserer Grabenbesatzung zum Absturz zu bringen. Es war ein Eindecker, französischer Fabrikation, mit nur einem Insassen, der, da der Apparat in den Wald fiel, in den Bäumen zerfetzt hängen blieb. Ich holte mir von dem Apparat ein Stück von dem Propeller zum Andenken. Der dritte Russe, der antrat, wurde gezwungen, dicht hinter der feindlichen Linie niederzugehen.

Die beiden abgeschossenen Flugzeuge sind im Heeresbericht vom 26. 9. erwähnt. Bisher ließ sich noch kein Panje wiedersehen.

Am 9. 9. habe ich mein schönes Quartier verlassen und gab es viel zu arbeiten, die neue Bude wohnlich zu bekommen. Gesundheitlich geht es mir noch danke. Gut Heil und viele Grüße C. Rehbein.

Stübiger, ist als Fahrer einer Train-Ersatz-Abteilung nun auch ins Feld gerückt und schickte von seinem Bestimmungsort in Rußland Ansichtskarten und Grüße.

Smigielski schreibt, daß ihn zu gegenseitiger Freude Tg. Ullrich in seinem Schnapsladen besucht habe und fragt an, ob Christian noch neutral und ob Newe nicht etwa auch unvorsichtigerweise mang die Soldaten gegangen sei. War inzwischen auf Dienstreise in Brüssel, wo es viele Damen mit interessanten „Toiletten", aber furchtbar kurzen Röcken gibt.

„Ich sehe immer wech. Auch viel Fleisch gibt's und Butter und Schmalz! Bon comfortionös! Ich habe seit Januar das erste Mal in einem richtigen Bett geschlafen und habe mir morgens garnich zurechte gefunden mang die Betten und Decken."

Am 26. v. M. schreibt er, daß er öfter solche Geschäftsreisen durch Belgien jetzt macht, um für seinen Priemladen einzukaufen. Neues kann er sonst nicht schreiben „daß immer noch Krieg ist, wüßten wir ja auch", er hofft, daß es nach einer letzten großen Offensive im Frühjahr so im Laufe des nächsten Sommer zu Ende gehen wird und er dann unter Umständen schon Weihnachten 1917 zu Haus sein kann.

Emmerich, geht es leidlich gut.

Hegeuer, ist Batteriekommandeur geworden und eifrig bemüht, unsre schönen Turnspiele dort einzuführen, wovon eine Ansichtskarte Kunde gibt. Heise sendet Grüße vom Wischnewsee,
Jsleib ist dem Geschick dankbar, daß er noch immer in Swinemünde sein kann.

Räbiger, verwendet die freie Zeit in der Reservestellung zu Turnspielen - exerzieret oder gebimst wird, Gott sei Dank, wenig - und Richter ist in einem Städtchen an der Maas ziemlich gut untergebracht, wenn auch der lebhafte Luftverkehr etwas unangenehm ist.
Schmeuß, er ist zum Hauptmann befördert und kann sonst nichts neues berichten.

3. Männer-Abteilung
Boehm, Kurt und Werner. Für beide schreibt ihr Vater Professor F. Boehm, daß sie für die wiederholten Grüße und Sendungen des Vereins herzlichst danken. Sie sind ihnen liebe Erinnerungen an die

schönen Stunden im Verein, und die trübe Zeit ihrer Gefangenschaft wird ihnen sehr erleichtert, wenn sie sich der frohen Vergangenheit erinnern dürfen, in dem Bewußtsein, daß treue Männer sie nicht vergessen haben.

Kurt kam von der kleinen Insel Houat nach Bourneau in der Vendöe. Er wurde im Walde mit allerlei Holzarbeiten beschäftigt, die oft recht schwer waren. Ende Juni kam er nach Les Sables d'Olonne, einem kleinen Seebade der Vendöe, wo er vom Hafen zum Bahnhof Kohlen schleppen mußte, bis er wegen seines Bruchschadens von der schweren Arbeit befreit wurde und im Innendienst verwendet wird, wobei ihm wenig erfreuliche Reinigungsarbeiten zugewiesen wurden. Er ist gesund, scheint sich aber keiner guten Behandlung zu erfreuen.

Werner kam gleichfalls Anfang Januar über Dinan nach Les Bordes bei Orlöans, wo er im Walde für 60 Mann Trinkwasser von einer schönen Quelle vormittags und nachmittags herankarren muß, was jedesmal etwa 2,5 Stunden in Anspruch nimmt. Die Behandlung scheint menschlicher zu sein, so daß in seinen Briefen und Karten sein froher Humor oft zur Geltung kommt. Seine Wunden sind vollständig ausgeheilt, angeblich ohne Spuren hinterlassen zu haben, wie auch zwei Kameraden, die als Invalide in der Schweiz sind, geschrieben haben.

Zu seiner großen Freude hat er Weihnachten, Ostern und Pfingsten vor seinen Mitgefangenen Gottesdienst halten dürfen. Beide freuen sich, in der Gefangenschaft gute Kameraden gefunden zu haben, sehnen sich aber natürlich sehr danach, daß ein baldiger ehrenvoller Friede ihnen die Heimkehr ermögliche.

Blühm, sieht sich leider wegen Fortzugs aus Friedenau veranlaßt, aus dem Verein auszuscheiden. Die vielen schönen Stunden auf dem Turnboden und beim Bier, die er im Kreise der lieben Turngenossen verlebt hat, werden ihm immer eine freundliche Erinnerung sein.

(Gut Heil, l. Tg., und schließen Sie sich, solange die Erinnerung noch frisch, einem neuen Turnerkreise an! D. V.)

Fieberg. Die Bahnfahrt verlief sehr gut, durch Polen schnell über endlos weite Strecken, die brach liegen und keine Siedelung aufweisen. Was konnte dieser Boden doch für Schätze liefern! In der großen Einsamkeit erinnert nur hier und da ein einzelnes Grab daran, daß die vorjährige Offensive hier herüber ging.

Galizien hatte ich mir indes nicht so schön und reich vorgestellt, überall gut bebaute Felder, meist ansehnliche Dörfer mit sauberen Häusern. Ein hübsches Bild war es, als wir auf einer kleinen Station von unserem offenen Güterwagen herab zu den Klängen einer Mandoline heimatliche Lieder sangen und die Dorfbewohner in ihren bunten Trachten aufmerksame Zuhörer waren.

Im Übrigen führt er ein ganz gutes Leben, es gibt Weißwein und Rotwein und allerlei zu kaufen. Eine Garde von Gänsen watschelt auf dem Hofe und wird mit liebevollen Augen betrachtet. Außerdem sind sie dabei, für alle zusammen ein Schwein zu erstehen, dienlich hatten sie zu 6 Mann eine gebratene Gans und dachten unwillkürlich, was wohl die Berliner für Augen machen würden! Leider war das Biest so zähe, daß sie sich beinahe die Zähne ausgebissen hätten. Im September ist er zum Unteroffizier und Offiziersaspiranten befördert.

Herlitschka und Thon sandten Grüße aus Rußland bzw. Frankreich. Scheunemann ist von seiner Verwundung ganz gut wiederhergestellt und hofft, auch fernerhin die edle Turnkunst ausüben zu können. Vor Verdun hat seine Division tüchtig mitgewirkt und das heiß umstrittene Fort Vaux gestürmt. Spindler ist jetzt in Kurland zur Ruhe gekommen und seit 4 Wochen Kraftradfahrer.

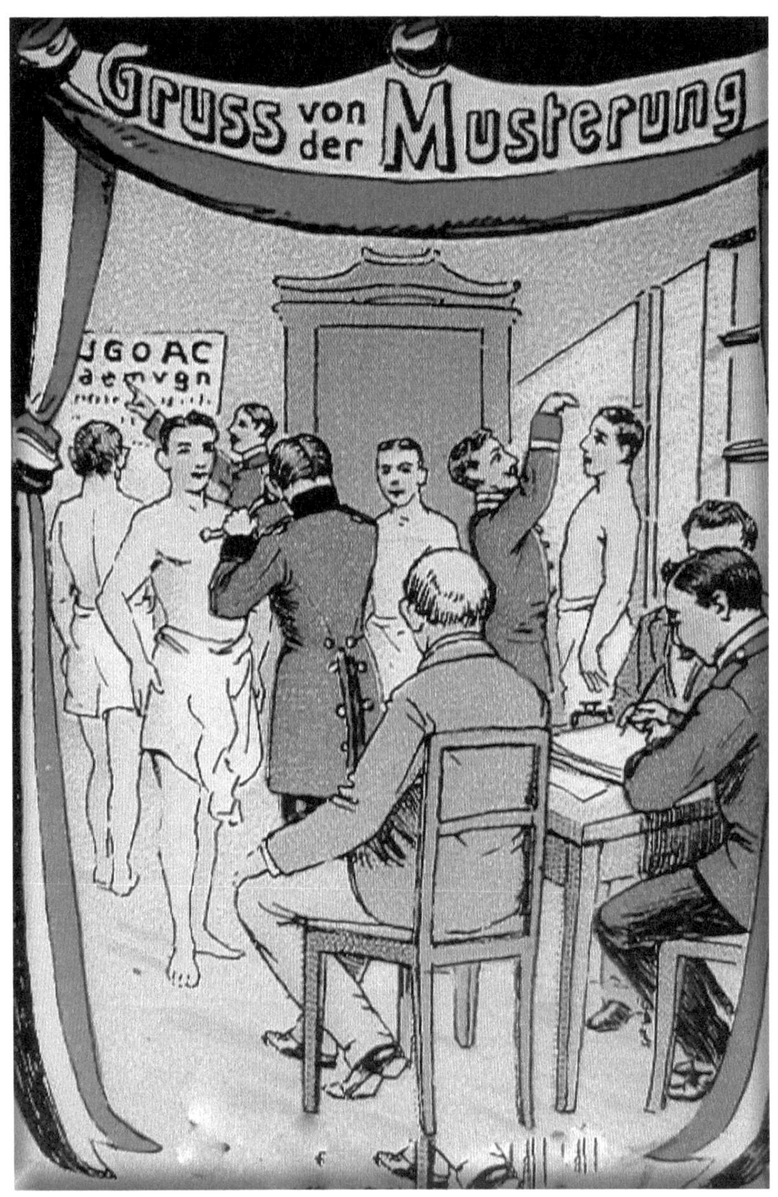

Humoristische Postkarte

Turnstunde an der Front

Wettkämpfe in der Etappe

3   Wehrbeitrag

Die Entwicklung des Jahres 1913 lässt keine Zweifel, dass wir uns in einer, zum Teil stark rückläufigen Bewegung auf industriellem Gebiete befinden. Dieser Umschwung fiel mit der tiefen Beunruhigung zusammen, welche die Balkanwirren hervorgerufen haben … In erster Linie hatten Handel und Industrie unter den Befürchtungen vor europäischen Komplikationen zu leiden. Diese Befürchtungen erreichten teilweise einen so hohen Grad, dass Erscheinungen hervortraten, die, wie Runs auf Sparkassen und Thesaurierung großer Beträge baren Geldes, sich sonst nur in Zeiten von Mobilmachungen im eigenen Lande einzustellen pflegen. Zur gleichen Zeit mussten Handel und Industrie sich auch noch mit dem einmaligen Wehrbeitrag und der dauernden Erhöhung der Steuern abfinden, die durch die Notwendigkeit der Stärkung unserer Wehrkraft erforderlich wurden … In den Berichten der übrigen Berliner Industriezweige kehren fast gleichmäßig die Klagen über die verminderte Kaufkraft, infolge der hohen Lebensmittelpreise, über den teuren Geldstand und die politische Beunruhigung während des Jahres 1913 wieder.

Dr. J. Kaempf, Präsident der Ältesten der Kaufmannschaft von Berlin

Im Reichswehrgesetz von 1913 verabschiedete der Reichstag zugleich die Einführung eines einmaligen außerordentlichen Wehrbeitrags auf Vermögen und höhere Einkommen, der eine zusätzliche Finanzierungsgrundlage zur Heeresvermehrung bilden sollte. Während Frankreich die Verlängerung der aktiven Militärdienstzeit von einem auf drei Jahre erwirkte, begann das deutsche Kaiserreich die größte Heeresvermehrung seit Bestand des Reiches zu finanzieren.

Die Gesetzesfindung im Reichstag brauchte drei Entwürfe und anfangs schien es, als wenn die Bevölkerung mit einer neuen Steuer zur Kasse gebeten werde, sozusagen für eine „Kriegskontribution im Frieden".
In der 1. Lesung des Gesetzes (138. Sitzung, 12. April 1913) wandte sich der Reichstagsabgeordnete Georg Gothein (FVP) des Wahlkreises Stralsund-Greifswald gegen die Wehrvorlage, deren Lasten noch auf das gesamte deutsche Volk abgewälzt werden sollten.

Wir müssen heute das ausessen, was unsere Diplomatie seinerzeit bei der Haager Friedenskonferenz uns eingebrockt hat, durch ihre halsstarrige Haltung, als sie sich nicht einlassen wollte auf einen Vorschlag bezüglich der Rüstungsbegrenzung. Wir müssen ausessen, was die Antwort des Herrn Reichskanzlers seinerzeit auf unsere doch sehr bescheidene Resolution, die der Reichstag mit großer Mehrheit angenommen hat, bezüglich gleichmäßiger und gleichzeitiger Rüstungsbegrenzung, uns eingebrockt hat.[2]

An der sozialdemokratischen Parteibasis kam es zu Protestaktionen gegen die geplante Aufrüstung. Gegen die angekündigte Wehrvorlage organisierte die SPD Protestversammlungen in der Zeit vom 23. März bis zum 6. April 1913. In vielen Orten wurden Resolutionen verfasst:

Die Versammelten sprechen ihr Erstaunen und ihre Entrüstung über die ungeheuerlichen Forderungen aus, die auf das Kommando des Generalstabs hin von der Regierung vom deutschen Volke angesonnen werden. Sie erblicken in dem sinnlosen Wettrüsten eine neue Verschärfung der chronischen Kriegsgefahr, ein Attentat auf den Kulturfortschritt und die Entwicklungsmöglichkeiten der Nationen.3

Friedrich Ebert

Doch überhörten der Parteivorstand in Berlin und die Mehrheit der sozialdemokratischen Reichstagsabgeordneten die Signale von unten, die SPD war seit dem Wahlerfolg 1912 von der „Industriearbeiterpartei" zu einer „Volkspartei" fortgeschritten, auf diesem Weg zeigte sie sich bereit zu Kompromissen und in sozialen Fragen zur Kooperation mit dem Staat. Als nach kontroversen Diskussionen und auf Drängen der SPD im Reichstag schließlich eine (beinahe) Reichensteuer vereinbart war, glätteten sich die Wogen der allgemeinen Empörung wieder. Erstmals in der deutschen Geschichte wurden die „hochadeligen Herrschaften", der deutsche Kaiser, die Könige (von Bayern, Sachsen und Württem-

Friedrich Haase

berg), die Großherzöge (von Baden und in beiden Mecklenburg) zu einer direkten Steuerzahlung verpflichtet. Aus damaliger Sicht schien der erreichte Kompromiss die SPD an der Basis gut anzukommen und die „kleinen Leute" friedlich zu stimmen, die Arbeiter mussten schließlich nicht die Zeche bezahlen.

Obgleich die Militärvorlage alles übertraf, was bisher da gewesen war, und trotz aller Kämpfe der sozialdemokratischen Fraktion des Reichstages, wurde sie doch von der bürgerlichen Mehrheit des Reichstages angenommen. Von einer weiteren Protestkundgebung sahen wir ab, da sich im Volke eine Gleichgültigkeit bemerkbar machte, nachdem bekannt geworden war, dass die Lasten der Militärvorlage durch eine Besitzsteuer getragen werden sollten.[4]

Etwa 1,3 Millionen gut gestellte Steuerzahler und ca. 3500 größere Unternehmen und Aktiengesellschaften wurden aufgrund dieser anhaltenden Verhandlungen im Reichstag zur Kasse gebeten, wodurch die Sozialdemokraten ihre Zustimmung zur Gesetzesvorlage im Reichstag gaben, wenn auch mit geteilter Meinung. Schon im Vorfeld kam vom Reichstagsabgeordneten Dr. E. Bernstein der Einwurf, dass damit das Geld aus dem Wirtschaftsleben selbst herausgezogen wird, und letztendlich durch die entstehende Arbeitslosigkeit die Arbeiterschaft belastetet werden kann, „aber weil und solange keine Aussicht vorhanden ist, im Reichstag eine Mehrheit für eine vernünftige Steuerpolitik zu erzielen, müssen wir darauf bestehen, dass wenigstens in dieser Form der privilegierte Besitz zu der Kriegskontribution herangezogen wird".
Unmengen an Geld sollte die geplante Aufstockung der deutschen Armee und Marine verschlingen: mit 4000 Offizieren, 14850 Unteroffizieren, 117000 Soldaten und 27600 Pferden; mit neuen Formationen, Kriegsschulen, Kasernen, Ausbau der Ost-Festungen in Graudenz und Posen, Truppenübungsplätzen, mit modernen Waffen, Bekleidung, mit Schiffen, Luftschiffen, Flugzeugen und Pferden.[5]
Den prozentual höchsten Aufschwung nahm die Verkehrstruppe (Eisenbahner, Telegraphisten, Kraftfahrer, Luftschiffer, Flieger), die von 18 auf 31 Bataillone anwuchs, was der wissenschaftlichen Entwicklung der modernen Technik entsprach. Allerdings wurde

die Luftschiffertruppe (Lenkschiffe) erst 1913 selbständig und auch die Fliegertruppe durchmachte schwere Geburtswehen.[6]

1912 besaß die deutsche Armee erst 90 Flugzeugführer und 100 Flugzeuge, die Französische dagegen 234 Flieger und 390 Flugzeuge.

Im Krieg schritt der Ausbau der Fliegerei rasant voran. 1917 besaß die Inspektion der Fliegertruppe an allen Standorten, einschließlich Front, Etappe und Heimat, einen Personalbestand von 3000 Offizieren, 5000 Unteroffizieren und 38.000 Mannschaften. Weiterhin sollten 268 Großbauten für Unterkünfte von Mannschaften und Pferden in Angriff genommen und bis 1915 zum Großteil abgeschlossen werden. Innerhalb von ein bis zwei Jahren entstanden darauf neue Garnisonen z. B. in München, in Villingen, in Trier und Koblenz, in Lahr, in Mühlhausen (Thüringen), Eilenburg in Sachsen oder Eutin in Schleswig-Holstein, andere Militäreinrichtungen wurden erweitert wie in Jena.

Eduard Bernstein

Als steuerpflichtig in gestaffelter Höhe galten Personen mit einem Jahreseinkommen ab 5000 Mark (von 5000-10000 Mark = 1 Prozent) beziehungsweise mit einem Vermögen ab 10000 Mark (ebenfalls gestaffelt). Der Höchstsatz lag bei einem steuerpflichtigen Vermögen von 5 Millionen Mark.

Im Monat Januar 1914 (vom 4. bis 20. Januar) mussten die Einwohner die ihnen zugestellten Formulare, mit den Angaben zu ihrem Einkommen, Grundbesitz etc. ausfüllen und einreichen. Die ganze Aktion lief im Rahmen und zusätzlich zu den jährlichen Steuerangaben für das Finanzamt. Für die Vaterlandsverteidigung wurde ein jeder aufgerufen, wahrheitsgetreue und richtige Angaben zum

Vermögen zu machen, Differenzen zu früheren Angaben an das Finanzamt, blieben ungestraft bis zu einer angemessenen Höhe unberücksichtigt. Die Zeitungen vermeldeten Ende Januar 1914, dass die meisten Stadt- und Landkreisbewohner die Wehrbeitragserklärungen pünktlich und ordnungsgemäß eingereicht hatten.[7]

Der vom Finanzamt ermittelte und festgesetzte Wehrbeitrag war dann in 3 Raten 1914/15/16 zu entrichten.

Von höchster Ebene existierte ein „Generalpardon" (§ 68), das hieß, es gab eine Straffreiheit für nun entdeckte „kleine" Steuerhinterzieher, wenn die Richtigstellung bis zum 25. Juli 1913 erfolgte. In Stralsund beispielsweise brachte der „Generalpardon" ein kleines Wunder hervor, denn das für den Wehrbeitrag angegebene Vermögen der Bürger lag um 5 Millionen Mark über dem zur allgemeinen Steuerveranlagung eingeschriebenem Vermögen. Derartige Überraschungen hörte man auch aus anderen Orten. Nur wo der Steuerbetrug zu groß war, folgte Strafverfolgung durch die Gerichte. Die Höchststrafe betrug das Zwanzigfache des unterschlagenen Betrags.

Aus der durch die Finanzämter veranlagten Gesamtsumme war absehbar, dass die einkommende Wehrsteuer bis 1916 gering unter der vom Reichstag geschätzten Summe (1,2 Milliarden Mark) bleiben würde. Im September 1914 war schon die erste Rate fällig, die Berliner Zeitungen mahnten die Leser wiederholt mit den Worten,

„Trotz Kriegsbelastung - Zahlt den Wehrbeitrag",

- zur ersten Rate sollen etwa 315 Millionen Mark im gesamten Kaiserreich eingezahlt worden sein.

Es stellt sich die Frage, wodurch konnte so eine große Summe erzielt werden, wenn es in der Wirtschaft doch vor Ausbruch des

Krieges kriselte?

Die Wirtschaft ist eine Seite, das Sparvermögen der Bürger die andere Seite. Tatsächlich sprach man allenthalben von der Grundehrlichkeit fürs Vaterland, für die Soldaten, schließlich für die eigenen Männer und Söhne. Was kaum zu vermuten war, kam in dieser staatlichen Aktion für den Wehrbeitrag zutage, die bislang stille, wohlhabende Masse.

Mithin entstand eine ungeheure Spendenbereitschaft unter den wohlhabenden Leuten und unzählige freiwillige Spenden ergaben das große Ganze. Eine Zeile in den Formularen ließ zur Steuerpflicht noch freiwillige Beiträge für das Heer zu. Das waren nur einige Eckpunkte einer allgemein für den Einzelnen doch recht komplizierten Steuerermittlung, weshalb die Zeitungen der Regionen mehrmals Erläuterungen und relevante Hinweise gaben, auch Schreibstuben als Hilfe einrichteten.

Im Königreich Preußen zahlten bis 1916 insgesamt 761.856 physische Personen Wehrbeitrag und zwar nur vom Vermögen: 452.970, vom Vermögen und Einkommen zusammen: 238.907 und nur vom Einkommen: 69.976 Steuerzahler. 2.042 in- und ausländische Unternehmen und Aktiengesellschaften entrichteten den Wehrbeitrag, davon 1.934 deutsche und 108 ausländische Firmen.

Das Sollaufkommen von Einzelpersonen Preußens betrug insgesamt 572.648.661 Mark, das von Unternehmen 31.540.449 Mark.

Bereits am 14. Mai 1914 gab Kaiser Wilhelm II. einen Erlass heraus, mit dem er seinen persönlichen Dank aussprach:

Erlass an den Reichskanzler: Aus ihrem Berichte habe ich mit großer Befriedigung entnommen, dass zahlreiche Deutsche im In- und Ausland freiwillige Beiträge zu den Kosten der Verstärkung der Wehrmacht geleistet haben. Es ist Mir ein Herzensbedürfnis allen, die durch solche

Beiträge vaterländischen Opfersinn in rühmlicher Weise betätigt haben, Anerkennung und Dank auszusprechen.[8]

Andererseits hatte man durch den Wehrbeitrag erfahren, wo in Deutschland die reichsten Städte lagen. 28 deutsche Großstädte mit einer Einwohnerzahl von 8,5 Millionen Menschen brachten rund 294 Millionen Mark an Wehrbeitrag auf. An der Spitze stand Groß-Berlin mit 147 Millionen Mark. Als eine „reiche" Stadt mit 28 Millionen Mark und einer sehr hohen pro Kopfziffer von 92 Mark erwies sich Charlottenburg. Die Schöneberger trugen 7.104.726 und der Kreis Teltow 21.505.232 Mark an Wehrbeitrag auf.

Es gab einige überaus wohlhabende Adelsfamilien im Kaiserreich, die ein enormes Kapital angehäuft hatten. Die fünf höchsten besteuerten Personen im Deutschen Reich brachten zusammen die ansehnliche Summe von 22 Millionen Mark ein: Berta Krupp von Bohlen und Halbach zahlte 8 Millionen und 800.000 Mark. Ihr folgte Fürst Guido Henckel von Donnersmark in Schlesien mit 4.200.000 Mark, ein Verwandter der Familie Bohlen-Bismarck zu Karlsburg bei Greifswald und 4.100.000 Mark fielen auf den deutschen Kaiser Wilhelm II. An vierter Stelle stand der Großherzog von Mecklenburg-Schwerin mit 3.400.000 Mark und an fünfter Stelle folgte der Fürst von Thun und Taxis mit 1.500.000 Mark.

Parallel zum Wehrbeitrag organisierte das Rote Kreuz eine groß angelegte, auf die einzelnen Bundesstaaten dezentralisierte Geldsammlung, die von Mai bis zum Jahresende 1914 dauern sollte. Das Rote Kreuz sah sich aufgrund der Stärkung der Wehrmacht verpflichtet seinerseits zu handeln, um bei einem Ausbruch eines Krieges mit medizinischem Personal und Material gerüstet zu sein. Und das Deutsche Rote Kreuz verschwieg im Sammlungsaufruf an die Bevölkerung nicht das Wort „Krieg". Aufgefordert waren nicht mehr nur die „Reichen", sondern jetzt auch die „kleinen Leute"; jeder Groschen zählte und leistete Hilfe für die Rettung von Soldatenleben.

Finanzielle Ressourcen waren aufgedeckt worden, doch schon mit Kriegsbeginn August 1914 reichten die Mittel zur Finanzierung der Kriegskosten, der sogenannte „Reichskriegsschatz", nicht aus. Zur Deckung der laufenden Militärausgaben bewilligte der Reichstag am 4. August Kredite von bis zu fünf Milliarden Mark; nötigenfalls, konnte die Summe höher ausfallen. Als neue kurzfristige Schuldtitel des Reiches wurden neben den bekannten Schatzanweisungen „Reichsschatzwechsel" eingeführt.

Am 19. September 1914 wurde erstmals zum Kauf von Kriegsanleihen mit hohen Zinsen von 5 Prozent aufgerufen (Zur Konsolidierung der kurzfristigen Staatsschulden des Reichs). Mit dieser ersten Kriegsanleihe war aber die Illusion des schnellen Sieges bereits gescheitert. Während für die erste Anleihe im Kaiserreich 4,5 Milliarden Mark gezeichnet wurde, erbrachte die zweite bereits neun Milliarden und die dritte schließlich 12,1 Milliarden Mark. Jede Anleihe war zweifellos ein Erfolg, wurde als unkündbar bis 1924 und als die letzte angekündigt.

Tausende Berliner beteiligten sich, auch die Schulkinder mit ihren Ersparnissen. An den Charlottenburger städtischen Schulen wurden auf die vierte Kriegsanleihe über 800.000 Mark gezeichnet. Davon kamen auf die höheren Lehranstalten für Knaben etwa 330.000 Mark und für Mädchen etwa 300.000 Mark, auf die Schüler der Gemeindeschulen 205.000 Mark also ein Mehr von 45.000 Mark im Vergleich zur dritten Kriegsanleihe.

Bis September 1918 finanzierte das deutsche Volk in patriotischer Pflichterfüllung im Halbjahresrhythmus 9 Ausgaben, die zusammen rund 98 Milliarden Mark erbrachten und etwa 60 Prozent der Kriegskosten ausglichen. Viele Deutsche glaubten noch bis zuletzt an einen Sieg. Sie kämpften und arbeiteten daher auch, um ihre Geldanleihen und ihre Ersparnisse zu verteidigen. Doch bei den letzten 3 Kriegsanleihen blieb die Masse der Sparer mit ihren Zeichnungen schon unter 200 Mark.

Mit der Inflation von 1923 erledigten sich die Zahlungsverpflichtungen des Staates und die Menschen verloren mit einem Schlag ihre gesamten Ersparnisse.

Sparkasse Berlin am Mühlendamm

Zimmermann

Kommentar

zum

Wehrbeitrag

mit

Ausführungsbestimmungen

und Steuertabellen

Stuttgart
Verlag von J. Heß
1913

Plakatwerbung

Kriegsanleihe an der Front

4 Drohender Kriegszustand

Verkündung des Kriegszustandes

Der 28. Juni war auf einen Sonntag gefallen, es war also für alle ein verdienter Ruhetag. Doch spätestens am frühen Nachmittag liefen in den Zentren Deutschlands die Telegrafendrähte heiß. In Berlin verteilten am Abend die Zeitungsjungen die ersten Extrablätter. In allen Zeitungen standen die politischen Folgen im Fokus: „Die äußere Politik Österreichs könnte durch den Mord von Sarajevo leicht in neue Wirbel und Strudel gelenkt werden".

Erzherzog Franz Ferdinand und Gattin vor dem Rathaus in Sarajevo

Ganz Europa erstarrte vor Schreck, einige Tage blieb der Anschlag von Sarajevo das beherrschende politische Thema, doch zog für die meisten Menschen bald wieder der Alltag ein. Dann folgte der Juli, die Kinder bekamen Ferien und die Urlaubszeit war angesagt. Wer von den Leuten konnte, reiste in die Sommerfrische zur Ostsee, wo sich in den Bäderlisten sogar eine bessere Tendenz als in den beiden Vorjahren 1912, 1913, abzeichnete. Die Bahn verkaufte in Berlin auf dem Stettiner Bahnhof vom 2. bis 7. Juli 123500 Fahrkarten zu den Badeorten nach Fischland-Darß-Zingst, auf Rügen und Usedom. Der „Swinemünder Badeanzeiger" vom 25. Juli 1914 verzeichnete 23974 angemeldete Fremde, darunter 16483 Kurgäste und 7536 Tagesgäste (Passanten). Ahlbeck registrierte 15677, Heringsdorf 7717 (bis zum 22. Juli) und Bansin meldete 5713 Kurgäste.2 Es war eben Sommerzeit und damit Ferien- und Badesaison, die Bade- und Bewegungskultur an der offenen See war groß in Mode gekommen. Ende Juli begannen die „Hundstagferien" und sollten vier Wochen dauern.

Der Sommer war voller Pläne und Termine, so fast überall: Sommerfeste der einheimischen Vereine

Ende Juli nahm der sommerliche Alltag eine radikale politische Wendung, die Juli-Krise spitzte sich zu - der Krieg stand unmittelbar vor Ausbruch?

Von nun an gab es in den Berliner Zeitungen täglich eine Hiobsbotschaft nach der anderen. Am 23. Juli stellte Österreich-Ungarn an Serbien ein bedingungsloses, praktisch unannehmbares Ultimatum. 48 Stunden blieben dem Balkanstaat den Forderungen nachzukommen und am 25. Juli kurz vor 18 Uhr erhielt der österreichische Gesandte die erstaunlich „unterwürfige" Antwort, die der Donau-Monarchie nicht genügte. Im Auswärtigen Amt in Berlin wurde die Antwort erst am Nachmittag des 27. Juli durch den serbischen Geschäftsträger überreicht. Österreich gar hielt die Veröffentlichung der serbischen Note bis zum 28. zurück und zeitgleich ging am 28. Juli die österreichische Kriegserklärung an Serbien. Die Empörung Russlands darüber war riesengroß und das Zarenreich drängte nunmehr auf eine zügige Mobilmachung gegen Österreich-Ungarn.

England versuchte noch eine friedliche Lösung des Konflikts herbeizuführen, scheiterte jedoch an Deutschland mit seinem Vorhaben eine Außenministerkonferenz einzuberufen. Und die deutsche Position, dass der Konflikt zwischen der Donaumonarchie und Serbien nur die beiden Konfliktstaaten etwas angehe, wurde immer fraglicher.

Berlin am Abend des 28. Juli:

„Ein Freund sagte mir, schon am Abend vorher hätten Unter

den Linden und in andern Straßen Kundgebungen stattgefunden, mit Gesang und Geschrei, ganz wie in Wien. Heute, nach der österreichischen Kriegserklärung, werde es wohl noch lebhafter zugehen, und es wäre sicherlich lohnend, sich die Sache anzusehen. Wir machten uns gegen neun Uhr auf, überall waren Menschenmassen unterwegs, das Straßenpflaster war bedeckt mit zerfetzten und beschmutzten Extrablättern, hier und da wurden im Gedränge neue Blätter verteilt. Die Menge schien nervös, gespannt, schob sich ziemlich schweigsam vorwärts, unwillkürlich hatte ich das Gefühl, als schmiegten sich die Frauen dichter als sonst an ihre Männer an. Offenbar strömten diese Menschen nur deshalb hier zusammen, weil sie zu aufgewühlt waren, um zu Hause bleiben zu können, und die Furcht, mit sich allein zu sein, sie auf die Straße trieb. Hier draußen war gemeinsames Schicksal, die Möglichkeit, in der allgemeinen Sorge dem eigenen Sorgengespenst und den ängstlich fragenden Blikken zu entrinnen. Als wir in der Friedrichstrasse, im Strom mittreibend, den »Linden« näherkamen, wurden hinter uns etwas wie ein Marschlied und Stimmengetöse vernehmbar, und die an die Disziplin der Paradetage gewöhnte Menge wich auseinander, um die Mitte des Fahrdamms freizugeben, und wartete, eng gequetscht, das nahende Ereignis ab. Das nahende Ereignis war ein Zug von einigen Hundert oder vielleicht tausend Personen, die in breiten Reihen marschierten, an der Spitze die »Wacht am Rhein« sangen und in der Arrièregarde die Hymne von Franz, dem Kaiser, unserm guten Kaiser Franz. Vor dem Zug wurden Fahnen getragen und ein paar junge Männer und andere von mittlerem Alter, mit Führerallüren, schritten, ihrer Bedeutung bewusst, voraus. Die Mehrzahl der Zugteilnehmer schien aus Studenten und Schülern der oberen Gymnasialklassen zu bestehen, aber man sah auch zahlreiche würdige und lange Bärte, die hinunter und hinauf stiegen, je nachdem der umrahmte Mund beim Singen sich öffnete und schloss. Sehr viele Freundinnen und Liebchen waren mit dabei, Arm in Arm mit ihrem Kavalier, oder »eingehängt« zwischen drei oder vier Jünglingen, Augusten und Luisen aus der Familienstube oder der Studentenkneipe, und alle strahlend vergnügt und sehr begeistert im gleichen Schritt und Tritt. Von Zeit zu Zeit, mit kurzen Zwischenpausen, wurde in die »Wacht am Rhein« der unermüdlichen Sänger von andern, gut zusammen arbeitenden Gruppen »Hoch Oesterreich!« und »Nieder mit Serbien! Nieder mit Russland!« hineingeschrien. Es klappte alles wundervoll. Bisweilen nahmen auch ein paar Leute in der Zuschauermasse die Rufe auf und antworteten, während die andern stumm, bedrückt und ersichtlich verwundert über diese unzeitgemäße Silvesterfreude danebenstanden, gleichfalls mit »Nieder!« und mit »Hoch!«

Dies war der Anfang, Unter den Linden flossen viele solcher Züge ineinander, der Verkehr stockte völlig, kein Wagen konnte mehr durchkommen, die ganze Gegend war von Menschenmassen überflutet, hinter schwarz-weiß-roten Fahnen wurde am Palais des Kronprinzen vorüber zum Schloss, vom Schloss zurück zum Brandenburger Tor und dem Bismarck-Denkmal, vom Bismarck-Denkmal zur österreichischen Botschaft in der Moltkestrasse marschiert. Eine andere Kolonne zog zu der italienischen Botschaft in der Viktoriastraße, ganz durchdrungen von der patriotischen Notwendigkeit, auch diesem treuen Verbündeten eine Ovation darzubringen. In später Stunde konnte man sogar einen ganzen Zug Studenten, »in Wichs«, mit blanken Schlägern sehen. Sie hatten, auf Anweisung ihrer Chargierten, sich eingekleidet und ihre Banner hervorgeholt. Gegen Mitternacht kam es vor der russischen Botschaft Unter den Linden zum Skandal. Die Menge pfiff und johlte, zu den Fenstern wurde hinaufgeschrien: »Nieder mit Russland!«, und die Polizei, die sonst so streng und wachsam jeden Ruhestörer beim Kragen

packte, war nicht da.“[1]
An warnenden Stimmen vor einem Vielvölkerkrieg fehlte es in und jenseits der Reichshauptstadt, insbesondere aus den Reihen der SPD und der Gewerkschaften waren die abhaltenden politischen Stimmen vor einem Krieg laut geworden, bis zuletzt: 30. Juli 1914

In vielen deutschen Städten gab es in den letzten Tagen und Stunden des Juli unter der Bezeichnung „Volksversammlung“ Protestversammlungen der SPD gegen die akute Kriegsgefahr: Apolda, Berlin, Jena, Eisenach, Ilmenau, Neustadt-Orla, Rastenberg, Stettin, Weida, Weimar u. a. Der größte Menschenauflauf ereignete sich in Berlin. In der Reichshauptstadt hatte die SPD-Führung ihre Anhänger bereits am 28. Juli auf zu einer großen Demonstration für den Erhalt des Friedens aufgerufen.
Der „Vorwärts“ in Berlin, das Zentralorgan der SPD, verurteilte die „frivole Kriegsprovokation der österreich-ungarischen Regierung“. Zum Juli-August-Wochenende erließ der Berliner Polizeipräsident Jagow dann ein Demonstrationsverbot. Statt eines großen Marsches fanden in der Reichshauptstadt und ihren Vororten 32 formal geschlossene Versammlungen für Parteimitglieder statt, mit mindestens 30000, wahrscheinlich, aber mehr als 100.000 Teilnehmern.

Am 31. Juli hieß es in der Ausgabe einiger Zeitungen:

„Die russische Teilmobilisierung - Deutschland zögert noch!“

Diese Schlagzeile war am frühen Morgen geschrieben und gedruckt worden.

Am Mittag des 31. Juli fiel in Berlin die erste folgenschwere politische Entscheidung für einen Krieg. Im Stadtschloss hatte Kaiser Wilhelm II. den Reichskanzler Theobald von Bethmann-Hollweg und Generalstabschef Helmuth von Moltke den Jüngeren zu einer halbstündigen Lagebesprechung empfangen. Von Moltke unterbreitete mehrere Resolutionen, darunter die wichtigste, die Order über den drohenden Kriegszustand. Der Kaiser unterschrieb im Stehen.

„Unmittelbar nach Erlaß der Kaiserlichen Verordnung über Erklärung des Kriegszustandes erschien am Freitagnachmittag 5 Uhr vor dem Palais des alten Kaisers ein Wachkommando des Garde-Grenadier-Regiments Kaiser Alexander. Am Denkmal Friedrichs des Großen Aufstellung nehmend, ließ der führende Leutnant v. Viebahn seine vier Tambours einen Wirbel schlagen und verlas bei Trompetenschall eine Bekanntmachung, beginnend mit den Worten:

Durch Allerhöchste Verordnung ist für Berlin und die Provinz Brandenburg der Kriegszustand erklärt.“[2]

Chef des Generalstabs

Reichskanzler Bethmann von

Damit hatte Kaiser Wilhelm II. aufgrund des Artikels 68 der Reichsverfassung den „drohenden Kriegszustand" über Deutschland erlassen, außer über Bayern[3], das tat der König von Bayern. Durch diese äußerste militär-politische Maßnahme konnten die jeweiligen Militärbefehlshaber auf die vollziehende Staatsgewalt, auf die Arbeit auch der Bürgermeister und die der Landräte oder die der Ortsvorsteher der Gemeinden, mit Befehlsgewalt direkt Einfluss nehmen und das sollte bis Herbst 1918 und teilweise noch im 1. Halbjahr 1919 so bleiben. Militärbefehlshaber war in jedem Armeekorps-Bezirk[4] der kommandierende General als Korpskommandeur (Generalkommando) und als dieser nach 7 Tagen ins Feld zog, der stellvertretende kommandierende General. Nur in Berlin, wo zwei Korpskommandeure ihren Sitz hatten (vom dritten Armeekorps und den Gardekorps), wurde ein übergeordnetes Kommando notwendig. Dadurch erhielt General von Kessel als „Oberbefehlshaber in den Marken" (eine militärische Behörde, die seit der Revolution von 1848 bestand) eine früher nicht geahnte Bedeutung.

Gleichzeitig mit der Verkündung des Kriegszustandes waren auch schon die ersten Verordnungen des Oberbefehlshabers an den Litfaßsäulen geklebt. Bald drohten auf riesigen roten Plakaten von den Anschlagsäulen im Berliner Norden, der Schattengegend der Licht- und Residenzstadt des Deutschen Reiches, die Worte: „Geldstrafe, Gefängnis, Zuchthaus, Todesstrafe."
An den Schaltern der Reichsbank erfolgte von mittags 1 Uhr an keine Umwechslung von Banknoten in Goldmünzen mehr. Die Gesetzgebung erteilte nachträglich die Genehmigung.

Die Meldung vom Kriegszustand wurde von Berlin aus in alle Orte des Kaiserreichs telegrafiert und öffentlich bekannt gegeben, in den Garnisonsstädten wurde sie ebenfalls durch das Militär ausgetrommelt[5]. Letztendlich war innerhalb von etwa 2 Stunden das gesamte Kaiserreich in militärische Alarmbereitschaft versetzt worden.

Der „drohende Kriegszustand" verlangte im militärischen Sinn die sofortige Grenzsicherung im Westen und Osten, des Weiteren den Schutz aller Transportwege zu Wasser und zu Lande und der Luft. Das bedeutete, dass Eisenbahnnetze, Schifffahrtswege, Kanäle, Häfen usw. für den bevorstehenden Aufmarsch zur Verfügung stehen mussten.

In Berlin hielt um 18 Uhr der Kaiser vom Balkon des Stadtschlosses seine patriotische Ansprache, an die zu Zehntausenden unter ihm im Lustgarten versammelten Berliner, und an das gesamte deutsche Volk. (Gut vier Jahre später sollte hier Karl Liebknecht die sozialistische Republik ausrufen).

- Eine schwere Stunde ist heute über Deutschland hereingebrochen. Neider überall zwingen uns zu gerechter Verteidigung. Man drückt uns das Schwert in die Hand. Ich hoffe, dass, wenn es nicht in letzter Stunde meinen Bemühungen gelingt, die Gegner zum Einsehen zu bringen und den Frieden zu erhalten, wir das Schwert mit Gottes Hilfe so führen werden, dass wir es mit Ehren wieder in die Scheide stecken können. Enorme Opfer an Gut und Blut würde ein Krieg vom deutschen Volke erfordern, den Gegnern aber würden wir zeigen, was es heißt, Deutschland anzugreifen. Und nun empfehle ich Euch Gott. Jetzt geht in die Kirche, kniet nieder vor Gott und bittet ihn um Hilfe für unser braves Heer![6]

Und die Menschen, wie reagierten sie beispielsweise auf diese Nachricht. Auf den zentralen Plätzen Berlins z. B. kam es zu spontanen Ansammlungen, ähnliche Szenen gab es auch in den Gaststätten: Die

alles entscheidende Frage für jeden war immer noch: Gibt es Krieg?
 An der Berliner Universität war die Frage zumindest für die österreichischen Staatsbürger unwiderruflich beantwortet. Studenten aus
der Donaumonarchie waren bereits abgereist.

5 Mobilmachung

Entsetzt, ja betäubt, steht seit 8 Tagen die Kultur-Menschheit vor einer der größten Katastrophen der ganzen Weltgeschichte, vor dem plötzlichen Ausbruch eines Weltkrieges, dessen furchtbare Folgen gar nicht abzusehen sind. Alles was die leidende Menschheit bisher an Kriegsunglück erduldet hat, alle Gräuel des Massenmordes, der Länderverwüstung, der Familienzerstörung, tritt zurück vor diesem universalen Weltbrande, der die ganze, in sechs Jahrtausenden mühsam errungene Kultur zu verschlingen droht. Diese furchtbare Tatsache ergibt sich für jeden gebildeten und klar denkenden Menschen aus der unbefangenen Betrachtung der ganzen heutigen Weltlage und namentlich der erstaunlichen Fortschritte, welche die moderne Wissenschaft und Technik im letzten halben Jahrhundert, ganz besonders in den letzten dreißig Jahren gemacht hat. Keinem Zweifel kann es mehr unterliegen, daß der Verlauf und Charakter dieses gefürchteten „Europäischen Krieges", der direkt oder indirekt auch alle anderen Erdteile berühren und somit zu einem ersten wahren „Weltkriege" sich auswachsen muß, alle bisherigen Kriege weit übertreffen wird. Man denke nur an die moderne Vervollkommnung der Waffen aller Art, die Schnellfeuergeschütze, die Luftfahrzeuge, die Überwindung von Zeit und Raum durch die moderne Elektrik und Maschinenausbildung, an die früher ungeahnten Hilfsmittel, welche die gewaltigen Fortschritte der Wissenschaft, vor allem der Physik und Chemie, den kämpfenden Völkern in die Hand gegeben haben. Die Opfer an Gut und Blut, an Menschenleben und Vermögen, die wir jetzt zu bringen haben, werden alles bisher Dagewesene weit übertreffen.

Ernst Haeckel, 12. August 1914[1]

Am Sonnabend, den 1. August, ließ der deutsche Kaiser um 17 Uhr die allgemeine Mobilmachung des deutschen Heeres und der Flotte anordnen.

Zwischen dem 31. Juli und 1. August lagen wenige Stunden, in denen der Krieg hätte verhindert werden können. Ein deutsches Ultimatum an Russland war von Zar Nikolaus II. nicht mehr beantwortet worden. Russland hielt die Mobilmachung aufrecht und Deutschland erklärte dem Zarenreich den Krieg. So verlief das politische Szenario, die Weltlage hatte sich schlagartig geändert - es war Krieg.
An diesem Sonnabend waren die Straßen und Plätze in Berlin wie die Tage zuvor von Passanten überfüllt. Oder waren sie noch belebter? Zeitungsberichten zufolge standen überall die Leute, Männer und Frauen in Gruppen beieinander, heftig diskutierend. Den ganzen Tag warteten alle auf die letzte Entscheidung, wird es Krieg geben oder nicht, wird die Mobilmachung ausgerufen. Menschenansammlungen bildeten sich vor den öffentlichen Gebäuden: den Rathäusern, Kaiserlichen Postämtern und vor den Redaktionen der Zeitungen. So warteten die Leute begierig auf die aktuellsten Depeschen. Journalisten griffen die eingehenden Meldungen auf, um sie redaktionell aufzuarbeiten. Dann kam die Entscheidung.

- Als die Menge, die am Sonnabendnachmittag im Lustgarten dicht aneinandergedrängt der Entscheidung
harrte, vom Schloss her mündlich die Nachricht der
Mobilmachung erhielt, erschallte plötzlich der tausend
stimmige Gesang: „Ein feste Burg ist unser Gott, eine
gute Wehr und Waffen.
- Nach vollendetem Gesang fielen die Domglocken ein,
und in die verklingenden Glocken tönte ein Hurra.
Der folgende Gottesdienst im Dom war improvisiert.[2]
Auf allen Telegrafenstationen Deutschlands ging nach
19 Uhr von Berlin aus der Mobilmachungsbefehl ein,
mit dem Text:

-

- Mobilmachung befohlen, erster Mobilmachungstag
der 2. August. Dieser Befehl ist sofort ortsüblich bekannt zu machen. Reichs-Postamt.[3]
- In Berlin indes trat der deutsche Kaiser gegen 18.30
Uhr zum 2. Mal zu einer patriotischen Ansprache, wie
am Tag zuvor auf den Balkon des Schlossportals:

-

- „Wenn es zum Kriege kommen soll, hört jede Partei
auf, wir sind nur noch deutsche Brüder. In Friedenszeiten hat mich zwar die eine oder andere Partei angegrif-
fen, das verzeihe ich ihr aber jetzt von ganzem Herzen.
Wenn uns unsere Nachbarn den Frieden nicht gönnen,
dann hoffen und wünschen wir, dass unser gutes deutsches Schwert siegreich aus dem Kampf hervorgehen
wird.“[4]

-

- Die Nachricht von der Mobilmachung wurde überall
verbreitet. An allen Straßenecken, an den Litfaßsäulen,
in Schaukästen, wurden rote Zettel mit dem kurzen

Mobilmachungstext angeschlagen. Spontan kam es überall zu Kundgebungen für das Vaterland. Währenddessen bemühten sich Boten die roten Zettel mit dem Mobilmachungs-Befehl mit Automobilen und Pferdekutschen auf die Dörfer zu verteilen.

- Auf die Bekanntmachung „Mobilmachung befohlen. Erster Mobilmachungstag": 2. August" hatte jeder Reservemann in seinen Militärpass nachzusehen. Darin fand er ein Blatt eingeklebt, das informierte, wo er sich zu melden habe, und am wievielten Mobilmachungstag. Jeder Einberufene trat entweder bei dem Truppenteil an, in dem er eingestellt werden sollte, oder an einer Stelle, von der aus er sofort weiterbefördert wurde. Daraufhin hieß es für die ersten Einberufenen antreten und Abschied nehmen von Frau und Kindern, von Eltern und Freunden.

Was für traurige Szenen müssen sich im Privaten abgespielt haben und haben sie wirklich geglaubt, Weihnachten zu Hause zu sein?

Der Straßenverkehr war in den Städten unerträglich dicht, auf den Durchgangsstraßen fuhr ein Automobil nach dem anderen. So einen lauten und starken Verkehr hatten die Einheimischen wohl selten erlebt. Die hastig eilenden und meist stillen Menschen, ob Urlauber, Geschäftsreisende oder Händler, sie hatten nur ein Ziel, sie wollten schnellstens nach Hause. Einige Männer hatten den Gestellungsbefehl in der Tasche und wurden von den Angehörigen zu den Garnisonen gefahren.

Auch auf den Bahnhöfen der Reichshauptstadt versammelten sich Menschenscharen mit Gepäck, Familien mit Kindern, hauptsächlich Urlauber, die mit den Zügen in ihren Heimatort wollten. Der Fahrplan von Stralsund nach Berlin geriet völlig durcheinander, trotz des Einsatzes von Sonderzügen an diesem 1. August. Allein auf dem preußisch-hessischen Eisenbahnnetz wurden an diesem Tag 235 Züge gefahren und auf den Berliner Bahnhöfen 157 Züge abgefertigt.

- Eine fast unüberwindliche Schwierigkeit schien auf den ersten Augenblick die Anschwellung des Passagiergepäcks zu geben, die der Strom der zurückkehrenden Feriengäste usw. von allen Seiten her nach Berlin mit sich schleppte. Nachdem die pünktliche Abfertigung ein paar Tage gestockt hatte, wuchsen die Massen immer schneller an.
- An einzelnen Bahnhöfen blieb zuletzt nichts übrig, als mit ihnen aus der gewöhnlichen Halle herauszuziehen und sie zu „Koffergebirgen" aufzustapeln. Die übliche Art, die Gepäckstücke in 10 Haufen nach der letzten Ziffer der Gepäcknummer zu ordnen, wurde zwar beibehalten, aber auch in einem Zehntel der Masse war das Herausfinden eine Schwierigkeit, der die meisten nicht gewachsen waren.
- Hier haben sich Gymnasiasten in den letzten Tagen ihrer Ferien nützlich gemacht; mit einer weißen Armbinde „Königlich Preußische Eisenbahnverwaltung" ehrenvoll ausgestattet, geleiteten sie die Umherirrenden an die richtige Stelle und waren ihnen beim Heraussuchen behilflich.[5]

Am Sonntagvormittag waren die Kirchen zu den Gottesdiensten brechend voll, die Leute drängten sich auf den Plätzen und verfolgten gespannt die ersten Kriegspredigten. Am Mittag fand

am Bismarck-Denkmal vor dem Reichstagsgebäude ein Gottesdienst unter freiem Himmel statt; danach gingen die Versammelten unter Soldatenliedern auseinander.
 Von früh bis zum Abend waren die Pastoren aus einem anderen Grund gefragt. Einberufene erschienen mit ihrer Braut vor dem Altar, um die „Notheirat" (ohne Aufgebot) zu vollziehen.

- In der schlanken gotischen Kirche war's kühl und still. Durch die bunten Glasscheiben fielen die Strahlen der Abendsonne, huschten über den grauen Steinboden und zitterten in den weißen Falten der Brautkleider. Vier Kriegstrauungen zu gleicher Zeit! May und Jobst, Anni von Bodmer mit ihrem Leutnant von Bessel und zwei brave Köchinnen mit ihren Unteroffizieren standen vor dem Altar. Anstatt der Myrtenkränze trugen die Bräute frische Blumenranken im Haar. Auch Schleier hatte man so schnell nicht beschaffen können. Ein Kinderchor sang, sicher und metallklar, wie nur Knaben singen. „So nimm denn meine Hände und führe mich.[6]

Noch am 1. August heirateten in Berlin 324 Paare, vom 2. bis 8. August erreichte die Zahl der Eheschließungen mit 3.941 ihren HöhepunktHöhepunkt. Die nächste Woche (9. bis 15. August) brachte 576, die folgende (16. bis 22. August) 494, die spätere (23. bis 29. August) 414 Eheschließungen. Bis Anfang Oktober gaben sich 5.793 Berliner Paare das Ja-Wort.

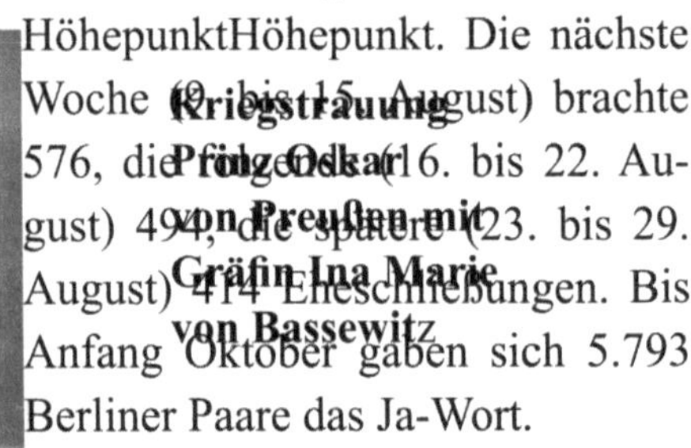

Kriegstrauung Prinz Oskar von Preußen mit Gräfin Ina Marie von Bassewitz

Dann am Nachmittag soll eine beängstigende Totenstille geherrscht haben. Fenster und Türen der Häuser waren verschlossen. Nur die Bahnhöfe zeigten sich weiterhin rege belebt mit jungen Männern, die mit ihrem Gestellungsbefehl zu den Sammelstellen strebten und in ihrem Gefolge die Familien mit sich führten.

Und auch das ereignete sich. Unter Alkoholeinfluss spielten sich kleinere Prügelszenen ab oder äußerten sich gar Andersdenkende, die auf den Krieg schimpften und eben von den Patrioten verbeult wurden.

Die Oberste Heeresleitung (OHL) gab 20 Mobilmachungstage vor, entsprechend der militärischen Dringlichkeit und Logistik, die längst ausgearbeitet und streng geheim gehalten war. An den ersten 4 Mobilisierungstagen (2. bis 5. August) hatten sich die Beurlaubten der aktiven Einheiten an ihren Garnisonsorten einzufinden, danach die Reservisten, gefolgt vom Landsturm.

Und es gab die vielen, von der vaterländischen Sache überzeugten Freiwilligen, überwiegend die junge Garde, die vor Polizeibüros Schlange standen, um dort Bescheinigungen für freie Eisenbahnfahrten zu den Garnisonen beantragten. Nicht alle von ihnen konnte der Krieg sofort aufnehmen, so mussten einige enttäuscht wieder heimkehren. Ende August 1914 gab das Ersatzbataillon, des Gardegrenadier-Regiments Nr. 5 in Spandau bekannt, dass der Bedarf an Kriegsfreiwilligen vollständig gedeckt sei.

Kaiser Wilhelm II. ordnete einen allgemeinen Landes-Buß- und Bettag an:

- Wie ich von Jugend auf gelernt habe, auf Gott den Herrn meine Zuversicht zu sehen, so empfinde ich in diesen ernsten Tagen das Bedürfnis, vor ihm mich zu beugen und seine Barmherzigkeit anzurufen. Ich fordere mein Volk auf, mit mir in gemeinsamer Andacht sich zu vereinigen und mit mir am 5. August einen außerordentlichen allgemeinen Bettag zu begehen. An allen gottesdienstlichen Stätten im Lande versammle sich an diesem Tage mein Volk in ernster Feier zur Anrufung Gottes, dass er mit uns sei und unsere Waffen segne.[7]

- In allen protestantischen Kirchen Berlins (und ihre Zahl ist im Laufe des letzten Vierteljahrhunderts gewaltig gewachsen) sprachen die gefeiertesten Prediger. Nicht immer von der Kanzel aus.
- An der Neuen Kirche auf dem Gendarmenmarkt war der Andrang so groß, daß der Prediger von der Freitreppe des Schauspielhauses aus zu der versammelten Menge sprach.
- In der Kaiser-Wilhelm-Gedächtniskirche wurde dem Gottesdienst im Innern der Kirche eine Ansprache zur Seite gestellt, die ein zweiter Geistlicher (gleichzeitig Reichstagsabgeordneter) vor der Kirche an eine tausendköpfige Menge hielt. Keine dieser Ansprachen ist gedruckt worden. Die Stadt, die einst Schleiermachers Rede von 1813 gehört hatte, brachte nicht eine Predigt hervor, der etwas anderes nachgerühmt wurde, als dass einer sagte, was alle empfanden.

• Die katholische Hedwigkirche beging den Tag mit
feierlichem Hochamt. Die Menge, die bis auf den
„Kaiser-Franz-Josef-Platz" hinausstand, lauschte
kniend dem lateinischen Gesange, der von dem Kup-
pelbau her ertönte. Als in einer Synagoge nach dem
Schluss der hebräischen Liturgie von einem der jungen Krieger „Deutschland, Deutschland über alles"
angestimmt wurde, fielen Chor und Gemeinde ein.
Noch vor wenigen Jahren hatte das Lied als offizielles
Antisemiten Lied gegolten.[8]

Die Berliner Regimenter machten in der ersten Augustwo-
che an ihren Standorten mobil. Die Regimentskommandeure
brachten die Mannschaften auf den „Kriegsstand". Erfahrene
Unteroffiziere sorgten für die Einkleidung der neuen Soldaten,
für die Bewaffnung und soweit es die Zeit noch ermöglichte,
für die Ausbildung: Exerzieren, Waffenübungen und Instruk-
tionen aller Art. Munition, Wagen und Pferde mussten besorgt
werden. Die Offiziere stellten die Kompanien kriegsbereit um
und neue Reserven auf. Ausgewählte, höhere Offiziere wech-
selten in andere Regimenter des Armeekorpses.

10. August. Noch bevor die aktiven Regimenter der
Garde ins Feld gehen, erhielt unser Regiment heute
Mittag plötzlich den Befehl zum Abmarsch. So kann
ich nur schriftlich Abschied nehmen von Dir. Lebe
wohl, habe Dank für Deine reiche und große Liebe.
Auf
Wiedersehen! - Auf dem Schloßplatze Vorbeimarsch
an Seiner Majestät. Der Kaiser sah feierlich ernst aus
und fuhr mit der Hand über die Augen. Auf dem Wege
zum Lehrter Bahnhof hat Alt und Jung uns mit Blumen

geschmückt und mit Obst, Zigarren und sonstigen Liebesgaben bedacht. Die Eisenbahnfahrt geht über Hannover, Holzminden, Minden, Herford, Bielefeld, Hamm, Unna.[9]

Mit dem Reichstag am 4. August 1914 war der „Burgfrieden zwischen den Parteien" eingetreten, es existierte nur noch das Vaterland und es gab keinen Widerstand mehr gegen den Krieg.

Eines der bedeutsamsten weltpolitischen und geschichtlichen Ereignisse war die Solidaritätserklärung der Sozialdemokraten in den verschiedenen Ländern mit ihren Regierungen. Kein Fall der Kriegsdienstverweigerung wurde bekannt. Die parlamentarischen Vertretungen der Sozialdemokratie (außer Italien) bewilligten die Kriegskredite. Ehemalige Radikale wurden plötzlich Wortführer der revisionistischen Gruppe, der Vater des Revisionismus, Ed. Bernstein, dagegen erschien auf dem linken Flügel der Partei. Einig war man in dem Wollen, Deutschland nicht verwüsten, nicht zertrümmern zu lassen; über die taktischen Maßnahmen, die Deutschland vor Gefahr schützen sollten und gleichzeitig auch nach der Richtung einer schnellen Beendigung des Krieges wirken konnten, gingen die Ansichten auseinander. Gegensätze innerhalb der Sozialdemokratie, die eine Spaltung als unvermeidlich erscheinen ließen, traten offen zutage. Innerhalb der bürgerlichen Parteien freilich wirkte das Ereignis des Krieges so stark einigend, daß hier die Gegensätze fast restlos in den Hintergrund tra-

Bürger Berlins!

Nach langen, gesegneten Friedensjahren sehen wir unsere
Männer und Jünglinge wieder ins Feld rücken.
Sie ziehen in einen Krieg, uns aufgezwungen durch haßer-
füllte Feinde, gegen die wir in heiliger Notwehr stehen.
Unser Volk ergreift die Wehr für deutsches Wesen und
deutsche Kultur, für die Sicherheit des teuer erkämpften
Reiches, für das Gleichgewicht in Europa.
Nun gilt es , dass jeder sein Bestes gibt, nun ist die Zeit der
Prüfung auf Mark und Kern gekommen.
Zurück mit allem Denken an Geld und Gut, an Eitelkeit
und Behagen.
Wer jetzt in der Stunde ernster Bedrohung des Reichsge-
bietes seinen Groschen aus den öffentlichen Kassen oder
Geldinstituten in den eigenen Strumpf zu bringen sich
abmüht, wer die Erregung dazu benutzt, um sich an den
Lebensmittelpreisen zu bereichern, oder wer durch tö-
richte Voreinkäufe den Preis treibt, der macht sich schwer
verantwortlich vor seinen Landsgenossen. Er ist schuldig,
daß Deutsche in den Ruf kommen können, eine große Zeit
durch Eigensucht und Kopflosigkeit zu entwürdigen. Das
ist unsere Art nicht.
Wir sind ein männlich treues Volk, daß dem Rufe des
Vaterlandes im Sturme folgt und sich mit Begeisterung um
das Banner seines Kaisers schart.
Berlin, die Reichshauptstadt, muß und wird in Opfermut
Ihr aber, Söhne Berlins, die Ihr kampffroh Euch dem
Feinde entgegenwerft, nehmt mit Euch den heißen Wunsch
Eurer Vaterstadt, daß Ihr unbeugsam in Tapferkeit bis
ans Ende beharrt und durch Not und Schlacht sieggekrönt
heimkehrt.
Der Magistrat der Königlichen Haupt- und Residenzstadt.
Wermuth.[11]

Gratis!

Nr. 210a.

Extra-Ausgabe.

Vorwärts

Berliner Volksblatt.

Zentralorgan der sozialdemokratischen Partei Deutschlands.

Gratis!

31. Jahrg.

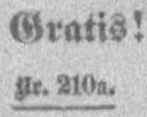

Redaktion: SW. 68, Lindenstrasse 69. | Dienstag, den 4. August 1914. | Expedition: SW. 68, Lindenstrasse 69.

Die Sozialdemokratie und der Krieg!

Die sozialdemokratische Reichstagsfraktion bewilligte in der heutigen Sitzung des Reichstages die von der Regierung geforderten Kriegskredite. Gleichzeitig gab sie nachfolgende Erklärung über ihre Stellung ab:

Wir stehen vor einer Schicksalsstunde. Die Folgen der imperialistischen Politik, durch die eine Aera des Wettrüstens herbeigeführt wurde und die Gegensätze zwischen den Völkern sich verschärften, sind wie eine Sturmflut über Europa hereingebrochen. Die Verantwortung hierfür fällt den Trägern dieser Politik zu, die wir ablehnen.

Die Sozialdemokratie hat diese verhängnisvolle Entwicklung mit allen Kräften bekämpft und noch bis in die letzten Stunden hinein hat sie durch machtvolle Kundgebungen in allen Ländern, namentlich im innigen Einvernehmen mit den französischen Brüdern, für die Aufrechterhaltung des Friedens gewirkt. Ihre Anstrengungen sind vergeblich gewesen.

Jetzt stehen wir vor der ehernen Tatsache des Krieges. Uns drohen die Schrecknisse feindlicher Invasionen. Nicht für oder gegen den Krieg haben wir heute zu entscheiden, sondern über die Frage der für die Verteidigung des Landes erforderlichen Mittel.

Nun haben wir zu denken an die Millionen Volksgenossen, die ohne ihre Schuld in dieses Verhängnis hineingerissen sind. Sie werden von den Verheerungen des Krieges am schwersten getroffen. Unsere heißen Wünsche begleiten unsere zu den Fahnen gerufenen Brüder ohne Unterschied der Partei.

Wir denken auch an die Mütter, die ihre Söhne hergeben müssen, an die Frauen und Kinder die ihres Ernährers beraubt sind, denen zu der Angst um ihre Lieben die Schrecken des Hungers drohen. Zu ihnen werden sich bald zehntausende verwundeter und verstümmelter Kämpfer gesellen.

Ihnen allen beizustehen, ihr Schicksal zu erleichtern, diese unermeßliche Not zu lindern, erachten wir als zwingende Pflicht.

Für unser Volk und seine freiheitliche Zukunft steht bei einem Sieg des russischen Despotismus, der sich mit dem Blute der Besten des eigenen Volkes befleckt hat, viel, wenn nicht alles auf dem Spiel. Es gilt, diese Gefahr abzuwehren, die Kultur und die Unabhängigkeit unseres eigenen Landes sicherzustellen. Da machen wir wahr, was wir immer betont haben: Wir lassen in der Stunde der Gefahr das Vaterland nicht im Stich. Wir fühlen uns dabei im Einklang mit der Internationale, die das Recht jedes Volkes auf nationale Selbständigkeit und Selbstverteidigung jederzeit anerkannt hat, wie wir in Uebereinstimmung mit ihr jeden Eroberungskrieg verurteilen.

Wir hoffen, daß die grausame Schule der Kriegsleiden in neuen Millionen den Abscheu vor dem Kriege wecken und sie für das Ideal des Sozialismus und des Völkerfriedens gewinnen wird.

Wir fordern, daß dem Kriege, sobald das Ziel der Sicherung erreicht ist, und die Gegner zum Frieden geneigt sind, ein Ende gemacht wird durch einen Frieden, der die Freundschaft mit den Nachbarvölkern ermöglicht. Wir fordern dies im Interesse nicht nur der von uns stets verfochtenen internationalen Solidarität, sondern auch in dem Interesse des deutschen Volkes.

Von diesen Grundsätzen geleitet bewilligen wir die geforderten Kredite.

Extra-Blatt

Kaiser Wilhelm II.

Unter den Linden am 1. Mobilmachungstag

An das Deutsche Volk.

Seit der Reichsgründung ist es durch 43 Jahre Mein und Meiner Vorfahren heißes Bemühen gewesen, der Welt den Frieden zu erhalten und im Frieden unsere kraftvolle Entwickelung zu fördern. Aber die Gegner neiden uns den Erfolg unserer Arbeit.

Alle offenkundige und heimliche Feindschaft von Ost und West, von jenseits der See haben wir bisher ertragen im Bewußtsein unserer Verantwortung und Kraft. Nun aber will man uns demütigen. Man verlangt, daß wir mit verschränkten Armen zusehen, wie unsere Feinde sich zu tückischem Überfall rüsten, man will nicht dulden, daß wir in entschlossener Treue zu unserem Bundesgenossen stehen, der um sein An-sehen als Großmacht kämpft und mit dessen Erniedrigung auch unsere Macht und Ehre verloren ist.

So muß denn das Schwert entscheiden. Mitten im Frieden überfällt uns der Feind. Darum auf! zu den Waffen! Jedes Schwanken, jedes Zögern wäre Verrat am Vaterlande.

Um Sein oder Nichtsein unseres Reiches handelt es sich, das unsere Väter neu sich gründeten. Um Sein oder Nichtsein deutscher Macht und deutschen Wesens.

Wir werden uns wehren bis zum letzten Hauch von Mann und Roß. Und wir werden diesen Kampf bestehen auch gegen eine Welt von Feinden. Noch nie ward Deutschland überwunden, wenn es einig war.

Vorwärts mit Gott, der mit uns sein wird, wie er mit den Vätern war.

Berlin, den 6. August 1914.

Wilhelm.

Aufruf

Einkleidung der Reservisten

Abschied der Reservisten

Verwundet

Kriegsweihnachten

Aushang der Verlustlisten an der Berliner Kriegsakademie

"Er fiel auf dem Feld der Ehre", aus einem Gemälde von H. Treiber

Aus einem Kriegsgefangenenlager in Südafrika

6 Aufmarsch und Militärfahrplan

Mit Verspätungen und unerklärlichen Fahrplanänderungen waren die Reisenden von Leipzig nach Berlin plötzlich konfrontiert: „Gerade heute (1. August), wo alles ringsumher hastete und fieberte. Mitten auf den Strecken blieb er plötzlich Minuten und minutenlang stehen. Er schien anderen Zügen Platz machen zu müssen, die in rasender Eile an ihm vorbeijagten. In Lichterfelde hielt er ganz und gar: Alle mussten umsteigen und den Vorortzug benutzen: es war schon spät geworden: weit umher hatte sich die Nacht gebreitet: die Hast des Umsteigens gab dem Bilde den Eindruck panikartiger Unruhe."[1]

Noch vor dem 1. Mobilmachungstag (2. August) kollabierte der Zugverkehr in Deutschland. Bewaffnetes Militär hielt seit 28. Juli die Bahnbrücken auf wichtigen Strecken streng unter Bewachung. Mit langen Verspätungen und aktuellen Fahrplanänderungen waren die Reisenden auf allen Verbindungen plötzlich konfrontiert:

In den Bädern an der deutschen Ostseeküste setzte am 1. August fluchtartig eine Rückreisewelle ein. Der Fahrplan von Stralsund nach Berlin geriet völlig durcheinander, trotz des Einsatzes von Sonderzügen an diesem 1. August. Allein auf dem preußisch-hessischen Eisenbahnnetz wurden an diesem Tag 235 Sonderzüge gefahren und auf den Berliner Bahnhöfen 157 Züge abgefertigt. Nach 3 Wochen lagerten auf den Bahnhöfen immer noch etwa 120.000 Gepäckstücke, davon ca. 40.000 bis 50.000 auf dem Stettiner Bahnhof.

Reisegepäck der Touristen

Vom 2. August bis zum 20. August 1914 galt der Militärfahrplan für den Truppenaufmarsch von 7 Armeen gegen Westen und einer Armee nach Osten, der sämtliche, bisher geltende Zugfahrpläne außer Kraft setzte. Durch die schnelle Positionierung des deutschen Heers an den Grenzen konnte das Hinterland aus dem Krieg weitgehend herausgehalten und das Kriegsgeschehen in Feindesland versetzt werden.

Deutschland ging in den europäischen Krieg fast zeitgleich an zwei Fronten, im Westen gegen Belgien, Frankreich und England und im Osten gegen Russland, was für den Aufmarsch eine riesige und bis aufs Detail ausgeklügelte Transportlogistik erforderte. Allerdings rechneten die Militärstrategen mit dem freien Durchmarsch durch Belgien und mehr Zeit für den Osten, da sie Russland eine längere Zeit der Mobilmachung unterstellten.[2]

Die Organisierung der Militärtransporte war Jahre vor dem Krieg durch die Eisenbahn-Abteilung des „Königlichen großen Generalstabs" in Berlin erarbeitet, jedes Jahr angepasst worden, unterlagen strengster Geheimhaltung und erfolgte mit Kriegsbeginn durch die Linienkommandanturen.[3]

Generalmajor Gröner - Chef des Feldeisenbahnwesens

- Die „große Bude" (Generalstab) ist zwar manchmal verwünscht ledern! Herrgott, wenn ich noch an die
- Schusterei in der Eisenbahnabteilung denke! Wahnsinnig konnte man bei der Rechnerei werden. Aber großartig ist's doch, wie das alles klappt. Der Krieg nach allen möglichen

- Seiten ist fertig ausgerechnet. Der wird sich wie auf dem Schachbrett abspielen.[4]

Die Eisenbahn unterstand während der Mobilmachung dem höchsten Sicherheitsprinzip, was sich im weiteren Kriegsverlauf nicht wesentlich ändern sollte. Zum bewaffneten Schutz der Gleise, Züge und der Bahnhöfe wurden überall aus dem (älteren) Landsturm, oder durch städtische Bürgerwehren, Bahnschutztruppen eingesetzt. Zivilpersonen blieb vorerst jeglicher Zutritt zu den Bahnanlagen (außer der direkte Zugang zu den Bahnsteigen) untersagt.

Der Magistrat von Berlin verbot an den Bahnhöfen im Umkreis von 500 Metern den Verkauf von Alkohol, damit einheimische Gestellungspflichtige oder durchfahrende Mannschaften nicht Bier und keinen Schnaps konsumieren konnten.

Die „Weichen" für den reibungslosen Aufmarsch wurden durch ein durchdachtes und abgestimmtes Ablassen der Züge gestellt, damit sie unterwegs auf dem Schienennetz kein Chaos anrichteten und vor allem, nicht zeitgleich an der Front eintrafen. Für den Raum Berlin, Brandenburg und Pommern galten beispielsweise folgende Abfahrten: 2. Mobilmachungstag (3. August): Abfahrten der Militärzüge aus Swinemünde, 2. und 3. Tag: aus Neustettin, 3., 4. und 5. Mobilmachungstag: Zugfahrten von Berlin aus, 4. Tag: Abfahrten aus Schwedt und am 5. Mobilmachungstag: Abfahrten aus Prenzlau usw.

Als größte Herausforderung erwies sich gerade die Westfront. Dort musste schnell ein Aufgebot von über 1.500.000 Mann vertreten sein, während die Ostfront zunächst „nur" 500.000 Soldaten erfordern sollte. Allein zur Verstärkung der an der Westgrenze stationierten Truppen, XV., XVI. und XXI. Armeekorps, nach Straßburg, Metz, Saarbrücken, wurden in den ersten 6 Mobilmachungstagen ungefähr 112.000 Mann und 23.000 Pferde transportiert.

Im Eisenbahndirektionsbezirk Köln konzentrierten sich viele Transporte über fünf Rheinbrücken westwärts. Innerhalb von

19 Mobilmachungstagen wurden hier über 26.000 Militärzüge befördert.

Aus der Rheingegend wiederum fuhren in der ersten Mobilmachungswoche 148.000 Soldaten in entgegen gesetzter zur Ostfront.

Die Fahrtrouten, die „Transportstraßen", für die einzelnen Armeekorps waren ebenso festgelegt, nach Erreichung der Zielbahnhöfe in der Etappe[5] wurden die Truppenteile ausgeladen und zu den Sammelstellen befördert, hier erweitert oder neu formiert, nochmals nachgerüstet und dann direkt an die Frontplätze geschickt, mitunter auf sehr langen Marschstrecken zu Fuß auf Straßen, durch Wälder, Feld und Flur.

Allein die Beförderung eines Armeekorpses mit Mannschaften, Pferden, Waffen, Fuhrwerken, Lastkraftwagen u. a. erforderte ungefähr 140 Militärzüge (ein Militärzug bis zu 110 Achsen). Täglich konnten auf einer Strecke nacheinander bis zu 40 Zügen abgelassen werden. Man brauchte also ungefähr 3-4 Tage zur Beförderung eins gesamten Armeekorpses an die Front. Die Fahrtzeit betrug bis zu 70 Stunden beispielsweise für die Transporte aus Schlesien zur Westfront und 40-44 Stunden für die Thüringer und Sachsen. Aufgrund der Ausgestaltung des Bahnnetzes konnte nicht jedem Armeekorps die eigene Strecke zugeteilt werden, sondern die Mehrzahl der zweigleisigen Bahnstrecken mussten mit zwei, häufig auch mit drei und mehr, zeitgleich bzw. hintereinanderfahrenden Armeeeinheiten belegt werden.

Und zu den Mannschaftszügen zur West- und Ostfront rollten in den ersten Tagen der Mobilmachung weitere Militärzüge nach Norden für die Marine (Kriegsschiffe und U-Boote) mit Kohlen und Petroleum.

Für alle Soldaten waren es lange Fahrten zu den Etappenzielen, bis zu 2-3 Tagen, sie verliefen oftmals langsam und beinahe gespenstisch. Der Militärfahrplan schrieb in der Zeit des

Hauptaufmarsches eine reduzierte Grundgeschwindigkeit von 30 km/h auf den Hauptbahnen und 25 km/h auf den Nebenbahnen vor und die Züge wurden auf den Hauptstrecken im 30-Minutentakt abgelassen. Die gedrosselte und gleichmäßige Geschwindigkeit der Züge bot die Gewähr für einen reibungslosen Verlauf des Bahnverkehrs. So konnten mögliche Zwischenfälle, wie Zugverspätungen, rasch wettgemacht und etwaige Unfälle vermieden werden.

 Unterwegs waren auf größeren Bahnhöfen Halte eingeplant, die Lokomotiven brauchten Kohlen- und Wassernachschub und die Soldaten und Tiere Verpflegung.
 Darauf richteten sich in Berlin die Frauenvereine oder das Rote Kreuz mit „Erfrischungsstellen" auf den Bahnhöfen ein und versorgten die Soldaten.
 Ende 1915 erwiesen sich am Schlesischen Bahnhof die Unterkunftsräume für die durchreisenden Truppen als unzulänglich. Es wurden deshalb an der nördlichen Ausgangsseite des Bahnhofs mehrere Holzbaracken errichtet, die den Soldaten größere Schlaf- und Erfrischungsräume boten.
 Den Hauptetappenort (das Ziel) kannte nur der Kommandeur, die Soldaten wussten erst genauer am Rhein oder nach den Schwarzwaldbergen, wohin die Fahrt letztendlich führte. An den Waggons zeigten Kreideschriften der enthusiastischen jungen Männer, wohin der Zug rollen sollte:

Berliner Landwehr zittert nicht.
Geht mit dem Franzmann in's Gericht,
Haut auch den Belgier in Stücken,
Straft England noch für seine Tücken.

Unverzagt voll Mut
Ist Berliner Blut!
Auf, Berliner Jungen,
Haut auf den Kosak,

Daß mit tausend Zungen,
schreit das Lumpenpack:

Rette sich, wer kann,
denn Berlin rückt an!"
Jungen fahret, fahret
auf der Eisenbahn!
Euren Mut bewahret,
Und packt feste an!
Hell und laut gesungen:
Hoch, Berliner Jungen!

Sieben Berliner sind wir bloß.
Aber wir sind dufte;
Wir gehen immer fest drauf los
Und machen klein die Schufte.

Berliner Abschied:
Das macht een Spaß, jetzt Soldat zu sind,
So leb' nur wohl, mein liebet Kind.

Wir Brandenburger Jäger
Wir ziehen nach Frankreich hinaus.
Wir fürchten nicht Tod, noch Teufel,
Wir holen den Franzmann heraus.[6]

Inschriften an den Waggons

Viele Jungen waren eben voller Enthusiasmus, einige gar voller Übermut.

Durch den Militärfahrplan wurden der Personen- und der Güterverkehr stark eingeschränkt. Für den regionalen Verkehr hießen dann die alten Fahrpläne von Nebenbahnen, aber auch von Hauptbahnen ohne militärische Bedeutung, sowie auf den Aufmarsch zugearbeitet, „Militärlokal-Fahrpläne". Privates Reisen mit dem Zug war in den ersten Kriegswochen durch den Vorrang des Militärfahrplans beschwerlich oder gar unmöglich geworden. Viele Schnellzüge wie Regionalzüge fielen ersatzlos aus. Erst als die erste große Mobilmachungsphase abgeschlossen war, konnte im Norden am 23. August der Schnellzugverkehr zwischen Berlin und Sassnitz wieder aufgenommen werden. Auch das sollte nicht durchgehend und von Dauer sein. Die Menschen kamen nach auswärts mitunter nicht mehr zur Arbeit und fühlten sich von der Welt abgeschlossen. Ebenso ausgeschlossen vom Verkehr blieben Industrie und Handwerk, die auf die Zulieferung von Rohstoffen und den Absatz ihrer Produkte angewiesen waren.

Zudem gaben für den Ausgleich innerhalb Deutschlands die Linienkommandanturen bekannt, dass vom 7. Mobilmachungstag ab in den Militärfahrplänen zur Lebensmittelversorgung jeder Großstadt wenigstens ein Güterzug täglich eingelegt sei. Früh morgens kamen die Milchzüge mit vollen Kannen an und gegen Abend fuhren sie mit leeren Kannen wieder zurück.

Die Handelskammer etablierte sich, um die ordnungsmäßige Ausnutzung zu ermöglichen, als von der Eisenbahnverwaltung anerkannte Vermittlungsstelle, bei der von den Kaufleuten der gewünschte, von den Eisenbahnen der zur Verfügung stehende Lagerraum vorher anzumelden war. Dieselbe Vermittlungsstelle wurde entsprechend für den Verkehr auf den Binnenwasserstraßen (Oder, Elbe und das dazwischen liegende Kanalsystem) eingerichtet.

Vom militärischen Aufmarsch waren neben der Bahn auch die Schiff- und Kahnfahrt in Brandenburg und Pommern beeinträchtigt. Für Eisenbahnbrücken über die Gewässer, die nach Bedarf zur Durchfahrt der Schiffe und Lastenkähne geöffnet werden konnten, traten Sonderregelungen ein.

Bis zum 20. Mobilmachungstag wurden auf deutschem Boden insgesamt etwa 20800 Eisenbahntransporte abgewickelt. Viele deutsche Bahnarbeiter gehörten zu jenem Personenkreis (unabkömmliche Beamte), die während der Mobilmachung nicht und die meisten von ihnen auch nicht bis Anfang 1916 zu irgendwelchen Truppen eingezogen wurden, sie waren bereits vorher verplant und hatten eine riesige Aufgabe zu erfüllen.

Am Ende des (gelungenen) Aufmarsches folgte für die

Eisenbahner der „Kaiserdank".

- Seine Majestät hat folgende Kabinettsorder erlassen: Mobilmachung und Versammlung des Heeres an den Grenzen sind vollendet. Mit geradezu beispielloser Sicherheit und Pünktlichkeit haben die deutschen Eisenbahnen die gewaltige Transportbewegung ausgeführt. Dankbar gedenke Ich zunächst der Männer, die seit 1870/71 in stiller Arbeit eine Organisation geschaffen haben, die nunmehr ihre ernste Probe glänzend bestanden hat. Allen denen aber, die Meinem Ruf folgend, mitgewirkt haben, das deutsche Volk in Waffen auf den Schienenwegen den Feinden entgegen zuwerfen, insbesondere den Linienkommandanturen und den Bahnbevollmächtigten sowie den deutschen Eisenbahnverwaltungen, vom ersten Beamten bis zum letzten Arbeiter, spreche Ich für ihre treue Hingabe und Pflichterfüllung Meinen Kaiserlichen Dank aus. Die bisherigen Leistungen geben Mir die sicherste Gewähr, daß die Eisenbahnen auch im weiteren Verlauf des großen Kampfes um des deutschen Volkes Zukunft jederzeit den höchsten Anforderungen der Heerführung gewachsen sein werden. Großes Hauptquartier, den 22. August 1914, gez. Kaiser Wilhelm, I. R. 12.[7]

Auch weiterhin über die Kriegsjahre hinweg bestimmten im zivilen Bereich die Militärlokal-Fahrpläne den deutschen Eisenbahnverkehr, oft mit zahlreichen Einschränkungen versehen, da Lokomotiven, Wagen und Personal für kriegsnotwendige Truppenverschiebungen von der Westfront zur Ostfront und umgekehrt, für Sanitätszüge, ja für Versorgungsaufgaben aller Art an den Fronten, selbst für den Urlauberverkehr der Soldaten usw. reserviert und abgezogen wurden. Großen Aufwand forderte die Versorgung des Heeres und der Marine. In den ersten zwei Kriegsjahren rollten aus dem Inland per Bahn etwa 8 Millionen

Tonnen bzw. 160 Millionen Zentner an Verpflegungsmitteln für Mensch und Tier an die Front. Wagen an Wagen gereiht, machte das die Bahnstrecke Berlin bis Bagdad und zurück oder neunmal die Luftlinie Berlin-Paris oder die Strecke Kairo-Kapstadt aus.

Zum Winteranfang 1915 wurde die militärische Nutzung der Eisenbahn zum Verhängnis für die Versorgung der Bevölkerung in Berlin, Hamburg und den westlichen Industriezentren mit Kartoffeln.
Deutschland trat in den Krieg mit Rumänien ein und das Heer blockierte 20.000 Waggons für den Rumänienfeldzug. Damit reichte der Fuhrpark nicht mehr aus, um vor dem Einsetzen der Frostperiode die Kartoffeln von Ost nach West zu transportieren, und dass bei der schlechtesten Kartoffelernte aller Zeiten. Spätesten ab Februar 1916 mussten die Großstädter den „Hungerwinter" bzw. den „Kohlrübenwinter" über sich ergehen lassen.
Anfang 1917 wurde auf einer geheimen Besprechung über die Errichtung der Kriegswirtschaftsämter im Sitzungssaal des Herrenhauses zu Berlin betont:

- Am 10. Januar (1917) hat eine weitere Beschränkung des Verkehrs stattgefunden, und ich glaube, in nicht allzu ferner Zeit wird man in der Sache noch weitergehen. Nach den angestellten Erhebungen ist aber der Vergnügungsverkehr nur sehr gering. Man rechnet den militärischen Verkehr, bei dem der Urlauberverkehr eine große Rolle spielt, ungefähr bis zu 80 Prozent. Der Zivilverkehr betrifft jedenfalls hier im Innern Deutschlands und im Westen fast nur noch die Leute, die dienstlich und geschäftlich dringend zu Reisen haben. Die Bemühungen des Kriegsamts sind dauernd darauf gerichtet, den Personenverkehr auf das notwendige Bedürfnis einzuschränken.[8]

Nach Paris

Nach St. Petersburg

Der Badezug

Der Wasserwagen des Badezuges

Badewagen von außen

Badewagen von innen

7 Frauen

Ein furchtbares Familiendrama hat sich in Dahme abgespielt. Dort erschoß die Witwe des Bankvorstehers und Leutnants der Landwehr Arthur Seemann, der bei Reims fiel, ihre Mutter, Frau Rentiere Kühne, mit deren Einverständnis, dann ihre zwei Töchter im Alter von 4 und 7 Jahren und zuletzt sich selbst, weil sie ohne ihren Gatten, den sie über alles liebte, nicht länger leben zu können glaubte.[1]

Mit Kriegsausbruch wurden Millionen von Frauen zu Kriegerfrauen ausgerufen, wodurch sie direkt angesprochen und für den Krieg mobilisiert werden konnten. Dahinter verbarg sich einmal mehr ein ideologisches Schlagwort der deutschen Kriegsgesellschaft, von denen viele im Ersten Weltkrieg geprägt wurden und die in die Alltagssprache eingingen. Als Kriegerfrauen galten Ehefrauen und Mütter, deren Männer oder Söhne als Militärangehörige im Krieg kämpften. Gleichgestellt waren die Frauen von Mitgliedern des Roten Kreuzes, die in der Etappe, in den Frontlazaretten im sanitären Dienst standen. Vor diesem Hintergrund wurden sie von Anbeginn in die moralische Pflicht gegenüber den Männern an der Front genommen und selbst für zivile Kriegszwecke ausgebildet und eingesetzt.

Eine besondere Rolle spielten dabei die Frauenvereine, allen voran der Vaterländische Frauenverein als übergeordneter Verein des Stadtkreises Berlin und der Provinzialverein Brandenburg, mit ihren Zweigvereinen für die Vororte und Kreise.

Indessen verschlechterten sich die finanziellen und sozialen Lebensbedingungen für die Frauen und Familien in jeder Hinsicht schlagartig. Täglich verließen Männer in Scharen die Heimat und die Frauen blieben mit den Anforderungen des Tages zurück.
Ende September 1914 waren seit August über 100.000 Männer aus dem Stadtkreis Berlin in den Krieg gezogen. Beispielsweise betraf die Einberufung 783 Gemeindeschullehrer; ungefähr der fünfte Teil der männlichen Lehrkräfte. Auch die Straßenbahner folgten dem Ruf des Kaisers und tauschten ihren graugrünen Rock mit des Kriegers Wehr. Schon in den ersten Wochen war nicht weniger als die Hälfte des Betriebspersonals der Großen Berliner Straßenbahn und ihrer Nebenbahnen zu den Waffen einberufen worden, etwa 5000 Männer des geflügelten Rades. Die monatlichen Einberufungen steigerten

sich im Laufe der Zeit erheblich. Noch weitere 2000 Mann wurden (bis Mitte 1915) zum Heer eingezogen, so dass der riesige Straßenbahnverkehr naturgemäß darunter leiden musste.

Deutsche Bank 1914

Von der Beamtenschaft in Groß-Berlin sind insgesamt zu den Fahnen einberufen worden 1268 Beamte, die sich mit 806 auf die Zentrale, 462 auf die Depositenkassen verteilen.

Die Zahl unserer Beamten betrug am Jahresschluss 8476, gegen 6638 im Vorjahr. Wir konnten den Betrieb der Bank nur mit äußerster Anstrengung der verbliebenen Beamten und Direktoren in geordnetem Gang erhalten, sahen uns zur Anstellung von weiblichem Hilfspersonal veranlasst und haben in vielen Fällen auf die Nachsicht unserer Kunden und Freunde zählen müssen, um die weitverzweigten Geschäfte der Deutschen Bank unter den schwierigen Verhältnissen in geordneter Weise weiterzuführen.[2]

Auch die Berliner Universität schrumpfte sofort an Studenten und Personal. Die Zahl der überwiegend freiwillig in den Krieg eingetretenen Studenten überschritt die Tausend, von den Dozenten waren es 66 und von den Beamten 15.

Überall verschlang der Krieg die besten Mitarbeiter. Bis Anfang Oktober verloren die Berliner Kgl. Kunstsammlungen durch Tod Regierungsbaumeister Karl Krebs von der Unterrichtsanstalt beim Kunstgewerbemuseum, Dr. Friedrich von Ägyptischen Abteilung und Dr. Wilhelm Lesenberg, wissenschaftlicher Hilfsarbeiter bei der Bibliothek des Kunstgewerbemuseums.

Der anfängliche Kriegsjubel auf den Straßen verschwand schnell und bald waren sorgenvolle Gespräche zu hören: „Das Leben muss ja weiter gehen" oder „Wenn die Kinder nicht wären …"

In der Wilhelminischen Gesellschaft war die soziale Stellung der Frau dem Mann traditionell untergeordnet. Der Kampf für politische und soziale Frauenrechte stand erst am Beginn und wurde hauptsächlich von der bürgerlichen Frauenbewegung und der Sozialdemokratie geführt. Männer waren nicht nur die Haupternährer der Familie, sondern waren als so genannter Hausvorstand die letzte Instanz in der Familie mit allen rechtlichen Konsequenzen.

Der Krieg brachte enorme Veränderungen mit sich, viele Frauen wurden mit ganzer Person gefordert, auf ihren Schultern ruhte die wirtschaftliche und soziale Verantwortung für Kinder und Eltern. Frauen gingen nun auf die Ämter oder zum Arbeitgeber, nutzten die Arbeitsnachweise und mussten sich überall im komplizierten Alltagsleben durchzusetzen. Was insgesamt schwierig war, denn es gab immer wieder neue staatliche Vorschriften, an denen sich die Frauen zu halten hatten in ihrer Arbeitstätigkeit, in der Anfertigung ihrer eigenen Bekleidung, bei der Erziehung der Kinder, um nur einiges zu nennen.

An der Front erhielten die Männer in den unteren Dienstgraden einen dürftigen Soldatensold und durch den Wegfall des Friedenslohnes bzw. des Gehalts reduzierte sich das Familienbudget erheblich, so dass die Frauen umgehend finanzielle Soforthilfen und dann regelmäßig beantragen mussten. Das betraf keineswegs nur die Arbeiterschaft.

In der ersten Kriegssitzung z. B. beschlossen die Stadtverordneten Berlins den einberufenen Beamten und Lehrern 100 Prozent vom Gehalt, den städtischen Angestellten in den Büros, beim Polizeipräsidium und den Arbeitern in der Gasanstalt, im Elektrizitätswerk, Schlachthof, Hafen und in der Abfuhr, 50 Prozent des Lohnes, gestaffelt ab einem Kind unter 15 Jahren, weiterzuzahlen. Jedenfalls, vorerst.

Als Ausgleich für die von Jahr zu Jahr ansteigenden Lebensunterhaltungskosten gewährten die Städte und Gemeinden ihren Beamten, Lehrern, Angestellten und Arbeitern einmalige Teuerungszulagen, gestaffelt nach Familienstand und Anzahl der Kinder.

Im gleichen Sinn handelten größere Unternehmen und Institutionen:

> ### Deutsche Bank
> Die der „Stempelvereinigung" angehörenden Berliner-Banken haben bezüglich Weiterzahlung des Gehalts an die im Dienst des Vaterlandes stehenden Beamten folgende Beschlüsse gefaßt:
> Bis zum 31. Oktober d. J. wird das feste Gehalt voll weitergezahlt.
> Vom 1. November d. J. ab erhalten bis auf Weiteres:
> a) unverheiratete Beamte 30 % ihres bisherigen festen Gehalts,
> b) verheiratete Beamte 60 % ihres bisherigen festen Gehalts und weitere 5 % für jedes Kind, insgesamt jedoch nicht mehr als 80 % ihres bisherigen festen Gehalts.
> Kriegsfreiwillige werden ebenso behandelt wie Gestellungspflichtige. Alle diejenigen, die zum 1. Oktober gekündigt hatten, um ihrer militärischen Dienstpflicht zu genügen, werden ebenso behandelt, als wenn sie die Kündigung nicht ausgesprochen haben würden, gleichgültig, ob sie schon militärische Verwendung gefunden haben oder erst später einberufen werden.[3]

Für die einfachen Arbeiterfamilien, deren Männer vor dem Krieg in den Berliner Betrieben oder im Handwerk arbeiteten, sah es in dieser Hinsicht weniger günstig aus. Wenngleich auch Unternehmen versuchten zu helfen. So beschloss beispielsweise der Vorstand der Schuhmacher-Innung, die Ehefrauen aller selbständigen Schuhmacher, die zu den Fahnen einberufen waren, erfahrene Meister zur Seite zu stellen, um die Fortführung des Geschäftes zu ermöglichen.

Große Aussichten auf frauentypische Arbeiten bestanden dennoch wenig, da zunächst der Arbeitsmarkt durch den Schock des Krieges teilweise zusammenbrach oder zumindest stagnierte:

> Groß-Berliner Arbeitsmarkt: 12. Berichtswoche des 3. Quartals 1914: Wenig Arbeitsgelegenheit ist in der Wäschefabrikation vorhanden. Während hier durch Aufträge des neutralen Auslandes immerhin noch eine leichte Besserung eintrat, herrscht in der Putzfederfabrikation fast völliger Stillstand.
>
> Im Reinigungsgewerbe ist seit Ausbruch des Krieges ein Rückgang der Aufträge um 50-60 % festzustellen.[4]

Nach den Wochenberichten der 232 Berliner Krankenkassen gingen per 3. Oktober 1914 935.255 Einwohner einer versicherungspflichtigen Beschäftigung nach.

Bis Ende November 1914 beruhigte sich die Lage auf dem Groß-Berliner Arbeitsmarkt, hauptsächlich trat für ungelernte männliche Arbeitskräfte und insbesondere durch die Kriegsindustrie eine Verbesserung ein. Mithilfe der anlaufenden Kriegsproduktion stand der Arbeitsmarkt insgesamt besser da als zum gleichen Zeitpunkt 1913.

Für Frauen allerdings nicht. Der kaufmännische Verband für weibliche Angestellte verzeichnete 5.004 Stellengesuche. Oder, der allgemeine, öffentliche Arbeitsnachweis registrierte 3.906 weibliche Arbeitsuchende bei 2.948 gemeldeten offenen Stellen.

Die Anzahl der versicherungspflichtig Beschäftigten gab noch keine Aufschlüsse auf das tatsächliche Lebensniveau. Viele Menschen arbeiteten, doch zum Leben reichte es kaum. In Arbeiterfamilien musste die Ehefrau mitarbeiten, um die Familie ernähren zu können. Das war schon vor dem Krieg so. Die magische Einkommensgrenze in einer deutschen Großstadt über 200.000 Einwohner, damit eine Einzelperson wirtschaftlich unabhängig existieren konnte, lag bei einem Einkommen von 3.000 Mark im Jahr.

Nach der Steuerstatistik von 1912 erreichten 3.000 Mark in Hamburg 30,2 %, in Charlottenburg 22,7 % und Königsberg 19,4 % der physischen Steuerzahler. Dagegen lagen der Stadtkreis Berlin und der Vorort Neukölln (300.000 Einwohner) mit weniger als 10 Prozent weit darunter.

Zunächst galten für die Soldatenfrauen und Soldatenfamilien nach dem Reichsgesetz vom 28. Februar 1888 und der Novelle vom 4. August 1914 ausschließlich die reichsstaatlichen Unterstützungssätze, die gleichsam Mindestsätze darstellten, aber den Kriegerfrauen nicht automatisch, sondern nur bei nachgewiesener sozialer Bedürftigkeit zustanden. Verpflichtet zur Auszahlung wurden die Lieferungsverbände (Städte, Kreise). Sie erhielten die verausgabten Summen bis zur Höhe der gesetzlichen Mindestbeträge später von der Reichskasse zurückerstattet.

Die Reichsfamilienunterstützung betrug ab August 1914 9 Mark (Sommersatz) und im Winter 12 Mark monatlich für die Ehefrau, für Kinder unter 15 Jahren 6 Mark und wurde im Verlauf des Krieges wegen der zunehmenden Teuerung erhöht, auf 30 Mark für Ehefrauen und 17,50 Mark für Kinder. Die maximale Summe für eine Berliner Mutter mit 2 Kindern unter 6 Jahren konnte damit jährlich 1560 Mark betragen (mit 100 Prozent Zuschlag durch die Gemeinde), ansehnlich, doch lag sie 50 Prozent unter dem nötigen Nominaleinkommen (3000 Mark).

Im August 1914 trat durch die sofortige und massenhafte Mobilmachung bei vielen Behörden erstmal Unsicherheit ein.

Magistrat Charlottenburg 10. August 1914
Betr. Familienunterstützung der zu mobilen Truppenteilen
einberufenen Mannschaften

Nach dem Erlaß vom 14. Februar 1913 - sollen die Familien … behufs Erlangung der Unterstützung auf Grund des
Gesetzes vom 28. Februar 1888 mit einem Nachweis über
die tatsächlich erfolgte Einstellung des bisherigen Ernährers
versehen werden. Zu diesem Zweck ist der Ausweis über die
Einstellung von dem Truppenteil, bei dem die Einstellung
erfolgt ist, abzustempeln und den Mannschaften zum Zwek-
ke der Übersendung an ihre Angehörigen auszuhändigen.
Ein großer Teil der aus unserer Stadt infolge der Mobilmachung einberufenen Mannschaften hat bereits den Ausweis
vor ihrer Abreise von der Kriegsbeorderung abgetrennt und
ihren Angehörigen ungestempelt übergeben, um die Unterstützungen daraufhin in Empfang zu nehmen. Wenn wir
auch selbstverständlich die Unterstützungen gleich zahlen,
ohne die Vorlage eines abgestempelten Ausweises erst ab-
zuwarten, so glauben wir, von der nachträglichen Vorlage
des Ausweises nur dann absehen zu sollen, wenn wir hierzu
ausdrücklich ermächtigt werden.[5]

Später wurde die Familienunterstützung auf uneheliche Kinder
ausgedehnt, galt ebenso für schuldlos geschiedene Soldatenfrauen,
elternlose Enkel, Pflegeeltern, Pflegekinder, Großeltern, Schwieger-
väter und Schwiegermütter usw.
Problematisch gestaltete sich aus rechtlicher Sicht die Anerkennung
nicht ehelicher Kinder.

Minister des Innern Berlin, den 17. Februar 1915
Betreffen die Unterstützung von Familien in den Dienst
eingetretener Mannschaften, ist die Voraussetzung für
den Anspruch der unehelichen Kinder auf Unterstützung, die Feststellung der Verpflichtung als Vater zur
Gewährung des Unterhalts. Diese Feststellung gilt in
Friedenszeiten nur in der Form der rechtskräftigen Ver-
urteilung … das wird nicht möglich sein… Es ist daher
nichts dagegen einzuwenden, wenn diese Feststellung
behufs Anweisung der Unterstützung durch Briefe an
die uneheliche Mutter oder auf andere Weise erfolgt
… Die Unterstützung kann auch dann gezahlt werden,
wenn nachgewiesen wird, dass der Vater des unehelichen Kindes, ohne die Vaterschaft anerkannt zu haben
und ohne verurteilt zu sein, freiwillig für den Unterhalt
des Kindes regelmäßig gesorgt hat.[6]

Zu der gesetzlichen reichsstaatlichen Unterstützung zahlten die
Berliner Kommunen den Empfängern Aufschläge bis 100 Prozent,
um die steigenden Lebensunterhaltungskosten halbwegs zu kom-
pensieren.
Auch die verheirateten Soldaten, Unteroffiziere und Offiziere
schickten oft aus dem Schützengraben von ihrer Löhnung, nach
Dienstgrad gestaffelt, Geld nach Hause, um Frau und Kinder zu unterstützen.
Die Kommunen (Lieferungsverbände) mussten die Familienunterstützung selbst regulieren, wozu Kredite und Anleihen bei den Ban-
ken aufgenommen wurden. Vorzüglich bedienten sie sich der Dar-
lehnskassen. Bis Ende 1917 zahlte die Stadt Berlin insgesamt 412,8
Millionen Mark an Kriegsfamilienunterstützungen aus. Allein im
Monat Februar 1918 waren es erneut 17,17 Millionen Mark.

Stadtverordnetenversammlung Berlin 15. Oktober 1914

Der Magistrat hat rechtzeitig erkannt, wie tief die Mietfrage in die gesamte Kriegsfürsorge eingreift. Die erste Frucht dieser Erkenntnis sind die neuen Anordnungen, welche die Fürsorge gerade nach der Seite der Mietunterstützung wesentlich ausdehnen. Wir haben zurzeit 64.000 Kriegerfamilien zu unterstützen. Von ihnen werden 48.000, also zwei Drittel der Wohltat der neuen Anordnungen teilhaftig. Das ist eine Besserstellung der Familien um einen Jahresbetrag von 5 Millionen.

(Es darf nicht außer Acht gelassen werden, wie ungeheure Werte sich im Berliner Hausbesitz repräsentieren. In Berlin allein sind es 10 Milliarden, in Groß-Berlin 15-16 Milliarden, mehr als ein Drittel vom Wert des gesamten städtischen Hausbesitzes in Preußen.)
Der Magistrat ist unablässig bemüht, diese Bestimmungen so zu handhaben und so weiterzuentwickeln, wie es das Interesse des Mieters und Vermieters erfordern. Auch über den Kreis der Familien von Kriegsteilnehmern hinaus ist eine Fürsorge in der Mietfrage nötig. Darum schlägt der Magistrat Mieteinigungsämter vor.[7]

Denn finanziell geschwächte Familien konnten bald ihre monatliche Miete nicht mehr regelmäßig oder überhaupt entrichten. Für diese Situation traf der Bundesrat mit einer Verordnung zur Bildung von Mieteinigungsämtern Vorsorge, die Berlin nun umsetzte. Die Mieteinigungsämter bekamen größere Rechte als irgendein Gericht: Sie entscheiden inappellabel, durch Berufung nicht anfechtbar. Mit einem Vorsitzenden aus der Gemeinde, einem Mieter und einem Hauswirt besetzt, erstreckte sich ihre Tätigkeit nicht nur auf den

Schutz der wirtschaftlich Schwachen, sondern wurde auf alle Wohnungen und Gewerberäume ausgedehnt.

Die Mitbeihilfen des Berliner Magistrats für Kriegerfrauen und -familien beliefen sich bis Ende 1917 auf 66.23 Millionen Mark.

Stadtverordnetenversammlung Neukölln Oktober 1914
Die Familien der Militärpflichtigen, die Familienunterstützungen erhalten, bekommen fernerhin eine Mietbeihilfe in Höhe des halben Mietzinses. Der Höchstbeitrag darf jedoch 18 Mark nicht überschreiten. Zur Deckung der hierdurch entstehenden Unkosten hat die Stadt die Aufnahme einer Anleihe von 3 Millionen Mark in Aussicht genommen. Wie Bürgermeister Dr. Weinreich hervorhob, hat Neukölln bereits 1.000.000 Mark Kriegsunkosten gehabt. Interessant ist die Feststellung, daß Neukölln die Stadt der jungen Familienväter ist. Ferner ergab es sich, daß Neukölln 15.000 Mann ins Feld geschickt hat.
Im Vergleich zu seiner Einwohnerzahl ein bedeutend höherer Prozentsatz als Berlin.[8]

Zu aktuellen Veränderungen in der sozialen Gesetzgebung hörte man regelmäßig in der Zeitung und informierte die „niederen Stände der Stadt". Die Frauen mussten sehr aufmerksam sein, wenn sie finanzielle Zuschüsse erhalten wollten. Anträge mussten fristgerecht immer wieder erneuert und begründet werden.

Wie es sich bald zeigte, reichten diese staatlichen Leistungen jedoch nicht aus und die Stadt sowie der Landkreis nahmen in den vier Kriegsjahren hohe Kredite auf, um die Hilfe aufzustocken. Die Lebenskosten stiegen enorm an, Lebensmittel- und Bekleidungspreiserhöhungen mussten schließlich staatlicherseits gestoppt werden mit sogenannten Höchstpreisgrenzen. Dennoch gelang es kaum den Preiswucher aufzuhalten und so blühte der Schwarzmarkt. Die städtischen Frauen reisten zum Kauf und Tausch aufs Land, da konnte keine Gendarmerie auf dem Bahnhof sie abhalten, um es demnächst wieder zu versuchen.

Doch das Geld reichte kaum hin und her, sodass Armut und soziale Not in fast allen sozialen Ständen, auch im Bürgertum, zu spüren waren. Auf die Zunahme von wirtschaftlichen Schwierigkeiten, bereits im ersten Kriegshalbjahr, verwiesen die zahlreichen Stundungsgesuche von Steuerzahlern.

Allgemein wurden die Anträge auf Familienunterstützung eingehend und wohlwollend geprüft. Als Nachweis für die Bedürftigkeit galten die Einkommensteuerzahlungen des Vorjahres bis zu einer gewissen Höhe; kleine Sparguthaben blieben unberücksichtigt und auch die Zeichnung von Kriegsanleihen, ansonsten wurde jede Mark angerechnet, im Zweifelsfall fanden Hausbesuche statt. Nicht ausgeschlossen bei der Beurteilung wurden der Lebenswandel und die Moral der Frauen. Die Verweigerung der Annahme einer Arbeit z. B. konnte ein Ablehnungsgrund sein.

Bei alle dem erwies sich die (männliche) Kriegsgesellschaft als moralische Instanz für die Frau, schrieb vor, die Trauer um den gefallenen Mann oder Sohn nicht öffentlich zu zeigen, keine Jammerbriefe an die Front zuschreiben oder wie viel Meter Stoff ein Rock haben dürfe. Nicht genug, denn das Stellvertretende Generalkommando der Marken konnte nunmehr Befehle auch an Frauen erteilen, was hinreichend geschah.

Neben der staatlichen und städtischen Unterstützung für die Kriegerfrauen und -familien entfaltete sich eine breite solidarische und karitative Hilfe unter der Bürgerschaft.

Das Haus Ehrich u. Graetz (Elektro-Unternehmen) in Berlin hat anläßlich seines 50jährigen Jubelfestes große Summen für seine Beamten, Arbeiter und Arbeiterinnen gestiftet. Diese betragen insgesamt über 700.000 Mark.

Ferner sind anläßlich dieses Tages vom Kommerzienrat gestiftet worden: 100.000 Mark für die Bedürftigen der Gemeinde Treptow, 100.000 Mark für die Bedürftigen der Ost-Priegnitz, 100.000 Mark für Kriegsverletzte.

Der verstorbene Kaufmann Wilhelm Ehrecke (1840-1915), Begründer des alten Kolonialwarengeschäfts in der Leipziger Str. 131, hat die Stadtgemeinde Berlin zur Erbin seines auf mehrere (wohl gegen 5 Millionen) betragenden Vermögens eingesetzt. Zu diesem Nachlaß gehört auch das bekannte Haus in der Leipziger Straße, das in das Wertheimsche Kaufhaus eingebaut ist, da der Erblasser, so lange er lebte, das Grundstück nicht veräußern wollte. Hinsichtlich des Zwecks der Zuwendung hat der Erblasser nur den Wunsch ausgesprochen, daß einige Vereine bedacht werden.
Das Geschäft Ehreckes war jedem Berliner bekannt; der nickende Chinese in seinem Schaufenster gehört zu den Wahrzeichen der Leipziger Straße.
Der Kolonialwarenhändler Ernst Ettelt, der lange eine Kolonialwaren- und Zuckerhandlung in der Rosenthaler, Ecke Auguststraße betrieb, hat sein gesamtes Vermögen der Stadt Berlin zu wohltätigen Zwecken vermacht. Die Testamentsvollstrecker haben es zu Gelde gemacht und rund 1,6 Millionen Mark der städtischen Hauptstiftungskasse überwiesen[9]

Kriegsspenden der Beamten der Deutschen Bank
Vom 1. August 1914 bis 1. Dezember 1915 spendeten die Beamten der Deutschen Bank für die Kriegsfürsorge den Betrag von 58750 Mark, u. a.:

Mark 1500 Magistrat der Stadt Berlin-Schöneberg,
Mark 1000 Magistrat der Stadt Neukölln,
Mark 5500 für das Rote Kreuz,
Mark 600 zur Unterstützung von Bankbeamten,
Mark 4000 Ankauf von Lebensmitteln für die ostpreußi-
schen Flüchtlinge,
Mark 1500 Ankauf von Wollsachen,
Mark 1500 Ankauf von Zigarren und Zigaretten.[10]

Und Frauen halfen Frauen. Während der Notzeiten zeigten die Frauen ihr Bildungs- und handwerkliches Potenzial, sie organisierten, halfen und unterstützten einander, Frauen und Mädchen verschiedener sozialer Stände kamen in Frauenvereinen zusammen, um solidarisch zu sein.

Bislang hatte der preußische Staat den Mann stets in den Vordergrund der Gesellschaft gestellt und in der Gesetzgebung in Stein gemeißelt, jetzt forderte der Staat von den Frauen ihren Kriegsanteil. Die moralischen Formulierungen der Bekanntmachungen in den Zeitungen wie: Aufruf zur Liebestätigkeit, Opferwilligkeit und Hingabe in der Krankenpflege, usw. haben ihre manipulative Wirkung nicht verfehlt. Frauen sollten in der Feldpost nicht klagen, mussten ihre Notsituation verschweigen usw.

Die Evangelische Frauenhilfe der preußischen Landeskirche wirkte schon 1914 in 2207 Kirchgemeinden und die Förderung der Frauen ging weit über die gesellschaftlichen Standesschranken hinaus. Auf dem in Berlin 1915 organisierten „Frauensonntag" der Berliner Kirche musste dennoch eingestanden werden, dass der Zustrom zu den kirchlichen Frauenvereinen aber nicht gleichermaßen gewachsen war, wie bei den Vaterländischen Frauenvereinen.

Mitgliederstark, erfahren und gut durchorganisiert waren die Vaterländischen Frauenvereine des Berliner Roten Kreuzes.

In allen Zweigvereinen des Provinzialvereins Berlin entstanden alsbald „Kriegsschreibstuben" mit täglichen Öffnungszeiten. Gebildete Frauen halfen beim Ausfüllen von Anträgen und Formularen, denn nicht jede Frau war den bürokratischen Anforderungen gewachsen. Auch beim Abfassen von Karten und Briefen, dem Versenden von Päckchen und Paketen an die Front, musste geholfen werden, weil sich ständig die Vorschriften für die Feldpost änderten. In den vier Kriegsjahren gab die Reichspost etwa 400 Post-Erlasse heraus.

Jedweder schriftliche Postverkehr blieb für lange Zeit die einzige Verbindung zwischen der Heimat und dem Schützengraben. Von den Briefschreiberinnen erwartete die deutsche Gesellschaft, dass sie den Männern an der Front eine moralische Stütze boten, für … ihr Durchhaltevermögen in Schnee und Kälte sorgten, auch im Anblick des Todes direkt nebenan und das war pure Durchhalteideologie: Schreibt keine Jammerbriefe!

Mit regelmäßigen Geldsammlungen schufen die Frauenvereine finanzielle Fonds, aus dem Not leidenden Frauen und Familien geholfen werden konnte.

> Die Kriegskasse Nikolassee des Vaterländischen Frauenvereins von Zehlendorf, Nikolassee und Wannsee, hat durch Sammlungen bis jetzt den namhaften Betrag von 13.179,61 Mark aufgebracht. Abgeliefert wurden bisher von der Ortsgruppe Nikolassee 625 Paar Strümpfe, 328 Paar Pulswärmer, 55 Paar Handschuhe, 6 Schals, 2-1 Ohrenschützer, 38 Leibbinden, 9 Paar Knieschützer und 2 Lungenschützer. Außerordentlich tätig ist auch die Nähstube im Pfarrhaus Nikolassee gewesen. Außer vielen Kindersachen wurden dort zum Teil von bezahlten Kräften angefertigt: 261 Garnituren Bettwäsche und 348 Soldatenhemden.[11]

Mal ganz abgesehen von den handwerklichen Fähigkeiten der Frauen bei der Herstellung von dringend benötigter Soldatenbekleidung, die die Frauenvereine mit Näh- und Strickstuben förderten und Gelder auftrieben, um ihre Arbeit zu entlohnen, zeigte sich, dass weder das professionelle Schneiderhandwerk noch die industrielle Bekleidungsproduktion den Frontbedarf mit Uniformen, Hemden, Unterhemden, Unterhosen, Handschuhen, allein hätten bewältigen können, ohne die vielen Frauenhände.

Frauen ernteten restlos das Obst und Gemüse, mosteten oder weckten die Früchte unter Beteiligung vieler fleißiger Hände in zentralen Einkochküchen ein. Kein Obst sollte verderben in diesen schwierigen Zeiten.

> In größtem Maßstabe hat der Hauptvorstand des Vaterländischen Frauen-Vereins für die Fertigstellung von Marmelade, eingemachten Früchten, Säften und dergl. gesorgt.
>
> Die Königliche Gärtner-Lehranstalt in Dahlem bei Berlin hat sich in bereitwilligster Weise in den Dienst dieser Wohlfahrtsaufgabe gestellt. Waggonladungsweise waren dem Hauptvorstande Gemüse und Obst aller Art als Geschenk zugegangen. Monatelang haben Damen als freiwillige Hilfskräfte sich bei der Verarbeitung dieser Gaben beteiligt.
>
> Die riesigen Vorräte an frischem Gemüse und Früchten wurden auf dem Hofe der Gärtner-Lehranstalt sortiert und auf ihre Brauchbarkeit geprüft. In echt hausfraulicher Art machten die Mitarbeiterinnen die wertvollen Gaben zum Einkochen zurecht und mit unermüdlichem Eifer waren sie bei dem Füllen der Konservenbüchsen tätig, und reicher und reicher mehrte sich der Vorrat der fertig gestellten Schätze.

Weit über 10.000 Kilobüchsen mit Marmelade, eingemachtem Gemüse usw. sind in Dahlem in wenigen Monaten fertig gestellt worden. Über 6000 Flaschen mit frischem Zitronen- und Apfelsaft wurden dort zubereitet, und ebenso wie das zu verarbeitende Material ist ausnahmslos alles weitere Material an Blechbüchsen, Gläsern, Versandlisten und dergl. geschenkweise dem Hauptvorstande zugegangen.[12]

Mit Hilfe der Frauenvereine organisierten und regelten die Frauen miteinander viele Dinge des Kriegsalltags, dabei wurden Fähigkeiten freigesetzt, sie setzten ihre Rechte bei den Ämtern durch, organisierten verstärkt die Klein-Kinderbetreuung. Die Vereine führten eine medizinische Versorgung von Wöchnerinnen und Säuglingen ein und es gab Bildungsveranstaltungen und Kochkurse. Und überhaupt, ohne die laufenden Spenden aus den privaten Kleider- und Küchenschränken, aus Vorratskellern und Bücherregalen sowie aus den vielen Sammlungen für „Liebesgaben" an die Kriegsfront, wie hätten die Soldaten die Kriegszeit überstehen können.

An die Frauen ergeht daher der Ruf zum Kriegsdienst im Stillen. Helft, daß nicht das, was das Schwert gewinnt, durch Schlaffheit und Selbstsucht verloren geht. Nehmt mit bestem Willen die von uns zusammen gestellten Küchenzettel vor, kocht nach ihnen und Ihr werdet sehen, daß das Sparen auf diese Weise wirklich geht!

Vom preußischen Staatssekretär des Innern, von Delbrück stammt der Satz, dass die Frauen, die auf diese Weise im Dienste des Vaterlandes tätig sind, die Schützengräben des wirtschaftlichen Kampfes füllen.
Neben dem Vaterländischen Frauenverein bildete sich im August 1914 der Nationale Frauendienst (NFD), der die bürgerliche Frau-

enbewegung und die katholischen Frauenvereine unter einem Dach vereinte.

> Besprechung des Berliner NFD im November 1914:
> In den 23 Hilfskommissionen haben in der letzten Woche ca. 23.000 Personen Hilfe gefunden. Diese besteht sowohl in Beratung wie auch Gewährung von Speisemarken, Milchmarken, Brotmarken und Essenmarken und Lebensmittelscheinen, deren Verteilung dem Nationalen Frauendienst von der Stadt übertragen worden ist. Der Nationale Frauendienst unterhält außerdem 3 Strickstuben, in denen 750 Frauen jeden Alters Arbeit finden, und gibt an insgesamt 730 Heimarbeiterinnen Strickarbeit aus. Weitere Arbeitsgelegenheit ist durch die mit den 5 Bekleidungsdepots in Verbindung stehende Flickstube, in der die geschenkten Kleidungsstücke ausgebessert werden, gegeben.
> Für Angehörige der freien Berufe ist jetzt eine eigene Fürsorgestelle im Abgeordnetenhaus unter Leitung von Frl. Dr. Salomon eröffnet, die auch zugleich in engster Fühlung mit dem Kriegswohnungsnachweis der freien Berufe und dem Kriegswohnheim in der Charlottenstraße steht. Der Nationale Frauendienst hat bisher 2600 Frauen, die sich ehrenamtlich für die Kriegswohlfahrtspflege zur Verfügung stellten, zur Hilfsarbeit in seinen Kommissionen, in Kindergärten, Kinderhorten, Volks- und Milchküchen usw. vermittelt.[13]

Berliner Frauen in Arbeit

Nach der Gewerbezählung von 1907 verwies die Stadt Berlin auf rund 100.000 industrielle und handwerkliche Betriebe, in denen über 30 Prozent aller beschäftigten Frauen waren (334.023 männliche und 171.757 weibliche Arbeitnehmer). Im Bereich Handel und Verkehr, Schank- und Gastwirtschaften, bewegte sich der Frauenanteil bei 40 vom Hundert. Insgesamt betrug der Frauenteil an der Berliner arbeitenden Bevölkerung etwas über 40 Prozent.

Wie vor dem Krieg blieben nach 1914 mehr oder weniger frauentypische Berufe erhalten. (Verkäuferin in der Drogerie, beim Bäcker, Schlächter, im Kolonialwaren- und Delikatessenladen, bei Luxus- und Galanteriewaren, als Näherin, Handarbeiterin, Laborantin, Gärtnerfräulein, Arbeiterfrau, Modistin, Portierfrau, Totenfrau, Kellnerin, Büfettdame, oder als Köchin und Helferin in der Volksküche.)

In den gehobenen Speisegaststätten und Cafés arbeiteten Herbst 1914 etwa 2000 Damen.

Einen einschneidenden Eingriff vollzog das Oberkommando der Marken in den 700 „Animierkneipen" Berlins. Innerhalb von 24 Stunden musste dort die weibliche Bedienung entlassen werden. So wurden mit einem Schlag 2000 Kellnerinnen brotlos.

Unter die sitten-polizeilichen Maßnahmen fiel auch die Kontrolle der professionellen und die Einschränkung der freien Prostitution. Die Anzahl der unter Polizeiaufsicht gestellten Mädchen und Frauen betrug am 1. August 1914 3819 und steigerte sich bis 1917 auf 5969 Damen. Das Betreten öffentlicher Lokale war ihnen verboten. Während der Kriegszeit meldeten sich monatlich, durchschnittlich 476 Frauen als geschlechtskrank und mussten ärztlich behandelt werden. Die Straßenaufsicht der Sittenpolizei kontrollierte die fünf Zentren der Berliner Prostitution: Scheunentorviertel, Königgrätzer-Puttkammerstraße und Umgebung; Leipziger Platz, Potsdamer Straße und Schöneberger Grenzgebiet, Oranienburger Tor und Umgebung, Friedrichstraße und Unter den Linden.[14]

Problematisch entwickelte sich der Bereich der allgemeinen Dienstleistungen für Frauen. Professoren der Universität, Beamte

der Städte, Angestellte, Kaufleute und Offiziere der Garnisonen
kämpften an der Front und ihre Familien mussten aus wirtschaftlicher Vernunft auf die Haltung von Köchinnen oder Bezahlung von
Waschfrauen verzichten, gaben selbst gewohnte Traditionen auf.
In diesen Tages- und Lohndiensten hatten es die Frauen schwer die
Arbeit zu behalten oder eine bezahlte Arbeit zu finden.

Gleiches traf für das Gesinde zu, für das im Haushalt dienende
Personal, das sowohl aus der Stadt wie auch aus dem Umland einwanderte und aufgrund der preußischen Gesindeordnung im Frühjahr und Herbst die Arbeitsstelle wechselte. Auskunft gibt hierüber
die Anzahl der jährlichen polizeilichen An- und Abmeldungen, zu
der das Gesinde einen wesentlichen Teil beitrug. Während sich
1913 insgesamt 2.814.697 Personen beiderlei Geschlechts an- und
abmeldeten, fiel die Menge im Jahr 1917 auf 1.904.428 zurück.[15]

Wenn Arbeitsstellen durch die eingezogenen Kriegsteilnehmer in
der kommunalen Verwaltung oder auch in den Büros von Betrieben frei wurden, dann betraf dies qualifizierte Arbeitsplätze. Als
sich im 3. Kriegsjahr der staatliche Verwaltungsapparat durch den
„Kriegssozialismus" stark aufblähte, wurden Fachkräfte in der
Nahrungsmittelorganisation und -verteilung gebraucht.
Neue Berliner Kriegsfrauenberufe gab es dennoch.

Zu den neuen Frauenberufen, die der Krieg mit sich gebracht hat, sind zwei weitere getreten. Die Gasanstalten
beschäftigen Frauen zur Prüfung der in den Wohnungen
und Geschäftslokalen ausgestellten Gasmesser und Gasautomaten. Ferner werden in Steinsetzbetrieben bei den
Straßenpflasterungen Frauen beschäftigt, die den Bitumen- und Asphaltung zwischen den Steinreihen auszuführen haben.

In Schöneberg ist die Kanzleigehilfin, Fräulein Erna
Heinemann kürzlich mit Genehmigung des Regierungs-

präsidenten zu Potsdam für die Dauer des Kriegszustandes zur stellvertretenden Standesbeamtin ernannt worden.[16]

Für Frauen ohne ansprechende Qualifizierung und Berufserfahrung, taten sich wenige Chancen auf, außer für zeitweilige Hilfstätigkeiten, zum Austragen von Lebensmittelmarken usw.

> Charlottenburg Ende 1917 mit 1172 Kriegerwitwen: Berufsberatung und Ausbildung kam nur ganz vereinzelt in Frage. Der einzige von den meisten gewünschte war der kaufmännische Beruf; zu diesem konnte aber nur ausnahmsweise geraten werden, wenn Vorkenntnisse und wirkliche Eignung vorhanden waren. Zu gründlicher Berufsausbildung hatten die wenigsten Kriegerwitwen Geduld und Mut bei den augenblicklichen schwierigen Wirtschaftsbedingungen. Die tüchtigen Frauen nahmen, um ihre Selbständigkeit zu behalten, meist die Arbeit an, die sich gerade bot. [17]

Da half den Frauen 1916 kein Hilfsdienstgesetz, sie konnten nicht angefordert werden oder wurden bei Bewerbungen wegen fehlender Qualifikationen und Berufserfahrung abgelehnt. Ausnahmen blieben die Regel, die Post bot Stellen zum Briefe austragen an, mit geringer Bezahlung. Überhaupt verdienten die weiblichen Angestellten in Deutschland schon 1914 nur 51 Prozent des Jahresgehalts von Männern und hauptsächlich in der Kriegsindustrie.
Im Bereich der Metallindustrie zählten Berlins Frauen zu den Kriegsgewinnlerinnen, mit 44.000 Arbeiterinnen zu Mitte des Krieges, rangierte Berlin an 2. Stelle im Reichsgebiet, allerdings mit deutlichem Abstand hinter dem 7. Bezirk mit 77.000 Arbeiterinnen.
Die Kriegsindustrie in Spandau, Tegel und Oberschöneweide brauchte natürlich Arbeitskräfte und je mehr Soldaten eingezogen wurden, umso mehr griff sie auf Frauen zurück. Beim Drehen und

Schleifen von Granaten verrichteten die Frauen äußerst schwere körperliche Arbeit.

> Spandau mit 732 Kriegerwitwen:
> In Anbetracht der in den Spandauer Instituten und der Rüstungsindustrie vorhandenen reichen und lohnenden Arbeitsgelegenheit hat der größte Teil (der Kriegswitwen) Beschäftigung angenommen.[18]

 Obwohl die Frauen in Kriegsbetrieben jetzt mehr verdienten als zu Friedenszeiten, konnte von einer annähernd gleichen Lohnzahlung gegenüber den männlichen Arbeitskräften keine Rede sein. Allgemein lag der mittlere, ortsübliche Berliner Tagelohn für Frauen 1914 bei 2,57 Mark und steigerte sich 1918 auf 2,61 Mark (Männer: von 3,80 auf 3,85). Der Spitzenlohn lag 1914 bei 3,30 Mark und steigerte sich 1918 auf 3,50 Mark (Männer: von 4 auf 5,40 Mark).
 Mitunter erhöhten sich dir Arbeitszeiten unverhältnismäßig.

> Berlin, 11. Bezirk der Metallindustrie mit über 44.000 Arbeiterinnen im August 1916:
> 48stündige Arbeitswoche resultiert meist aus den eingeführten drei Arbeitsschichten. Zum Teil trifft das auch noch auf die Arbeitszeit über 48 bis 51 Stunden zu. Es darf indes nicht übersehen werden, daß auch in vielen dieser Betriebe mit der verhältnismäßig kurzen Arbeitszeit durch Überstunden und Sonntagsarbeit die Arbeitsdauer oft übermäßig verlängert wird. Ganz besonders trifft das auf die Kriegsindustrie zu.
> Trotz der Arbeit in drei Schichten wird häufig von diesem oder jenem Kreise der Arbeiter und Arbeiterinnen Überstundenarbeit geleistet und in der Regel muß eine Schicht, in vielen Fällen auch zwei Schichten an Sonn-

tagen arbeiten, so daß von der 48stündigen Arbeitswoche nicht viel übrig bleibt. Ähnlich liegt es auch bei den Zwei-schichtarbeiterinnen.

Für 2052 Berliner Arbeiterinnen betrug die wöchentliche Arbeitszeit bis zu 66 Stunden (täglich 11).

11. Bezirk Berlin-Köpenick Fabrik elektrische Zünder G.m.b.H.

(700 Arbeiterinnen). Die Arbeitsverhältnisse sind die denk-bar schlechtesten: keine Garderobeschränke, keine Wasch-gelegenheit, kein Notausgang, obwohl die zu bearbeitenden Zünder alle geladen sind. Die Abortverhältnisse sind ekel-erregend. Die Speisen müssen von vielen Arbeiterinnen auf der Erde zwischen Teertöpfen sitzend eingenommen werden, weil Schemel fehlen und der Speiseraum nur 30 Personen Platz bietet.[19]

Berlin. M. Bernhard. Stanzerei

Die Garderobe der Frauen besteht aus einem Vorhang, worunter sich Nägel befinden. Diese Garderobe ist im ge-meinsamen Arbeitsraum der Frauen und Männer. Da an den Maschinen (Stoßwerke und Exzenterpressen) die Schutzvor-richtungen fehlen, ist die Zahl der Unfälle (Fingerverluste) eine hohe.

Berlin. Wasserwerke Oberspree

Die Umkleideräume sind nicht für beide Geschlechter ge-trennt. Die Arbeiterinnen müssen durch die Männergardero-be, während sich die Männer dort umkleiden.[20]

Die Unternehmer umgingen Arbeitsschutzgesetze (durch die Bun-desratsverordnung vom 4. August 1914 legitimiert), vernachlässig-ten den Gesundheits- und Unfallschutz.

Der Krieg hat zweifellos, auch wenn sich dies nicht zahlenmäßig nachweisen läßt, die gewerblichen Gesundheitsschädigungen ungemein vermehrt. Dabei handelt es sich weniger

um das Vorkommen bestimmter gewerblicher Noxen, als um die Einwirkung langer und schwerer Arbeit auf den Organismus der Jugendlichen und der Frauen, die zum Ersatz der Männerarbeit in ungeheurem Umfang heran gezogen wurde, zumal die Arbeitsschutzvorschriften der Gewerbeordnung vielfach außer Kraft gesetzt wurden, u. a. hinsichtlich des Ausschlusses der Jugendlichen und Frauen von großen besonders schweren und besonders gesundheitsschädlichen Betrieben, der Nachtarbeit, die Überarbeit usw.

Auch die Arbeit der Kinder hat in größerem Umfang zugenommen.

Daneben hat die Arbeit in den Munitionsfabriken und in der Kriegsindustrie überhaupt zahlreiche bestimmte berufliche Krankheiten und Vergiftungen häufiger beobachten lassen, vielfach handelte es sich dabei um Erkrankungen der Haut, die auch sonst vielfach während des Krieges beobachtet wurden und u. a. auf die Verunreinigung der benutzten Rohmaterialien und auf den Mangel an Seife zurückgeführt werden müssen.

Von Vergiftungen sind solche bei den in der Sprengstoffindustrie verwendeten Tetranitro-

methan und Nitrotoluol beobachtet worden, ferner von Pikrinsäure, die bei der Herstellung der Zündungskörper der Artilleriegeschosse verwendet wurde, von Phosgengas, das ein wichtiges Kampfgas bildet.[21]

Frauen in der Kritik

In England warf sich 1913 die Suffragette Emily Davison in Epsom vor das Rennpferd des Königs, im Kampf um die rechtliche Gleichstellung der Frauen. Darüber amüsierte sich die deutsche Gesellschaft und verhöhnte den handfesten Kampf der Suffragetten, worüber auch Berliner Zeitungen berichteten. Die bürgerliche deutsche Frauenbewegung setzte dagegen vor dem Krieg auf soziale und politische Reformen.

Währenddessen sich in den Reihen vieler deutscher Frauen, insbesondere von jungen Arbeiterinnen, eine neue Art von Rebellion gegen gesellschaftliche Traditionen und Konventionen entwickelte. Die Frauen verweigerten das unkontrollierbare Kinderkriegen, es überforderte ihre körperlichen und psychischen Kräfte, was insbesondere von Ärztinnen problematisiert wurde. Mehrfachgeburten von 4 bis 6 Kindern, Totgeburten, Schwangerschaftskomplikationen zehrten an der Physis. Im Zeitraum 1906-1910 blieb die durchschnittliche Lebenserwartungszeit der Frauen in Preußen mit 46,42 Jahren hinter den Männern (50,08 Jahre) zurück. Die Bevölkerungsmenge im deutschen Kaiserreich hatte sich von 1900-1910 hauptsächlich durch den Geburtenüberschuss von 56,4 auf 64,9 Millionen Menschen erhöht.

Schon die Frauen der unmittelbaren Vorkriegszeit bekannten sich mit viel Mut zur Veränderung ihrer Liebes- und Sexualbedingungen zur Schwangerschaftsverhütung und modernen Familienplanung.

Aussagen selbstbewusster Frauen wie: „Ich will nicht mehr Kinder in die Welt setzen, als ich auch wirklich gut ernähren und erziehen kann", oder „Die Kinder sollen es mal besser haben", wurden typisch.

Dabei spielte die geschäftliche Werbung eine wichtige Rolle. Viele Geschäfte, Friseure, Drogerien usw. boten Antikonzeptionsmittel (Kondome u. a.) an. Firmenvertreter suchten junge Familien zu Hause auf, um sie über moderne Schwangerschaftsverhütung zu beraten oder schalteten in den Zeitungen Anzeigen.

Die Anzahl der Geburten im Kaiserreich blieb auch 1913 hinter den Erwartungen der Gesellschaft zurück. Es setzte sich die Tendenz auf die Kleinfamilie mit 2 oder 3 Kindern fort, die etwa 1910 einsetzte und welche die große deutsche „Militärreserve" an späteren jungen Männern gefährdete. Dann kam der Krieg, indem bis Ende rund 13,5 Millionen Männer dienten, darunter befanden sich etwa 30 Prozent Familienväter.

Im Jahr 1918 wurden in Deutschland nur noch 945.000 Kinder geboren. In den 51 Kriegsmonaten betrug der Geburtenverlust rund 3,5 Millionen.

Reichshauptstadt Berlin: Nach der Volkszählung vom 5. Dezember 1917 waren von den Berliner Geburtsjahrgängen (Stadtkreis) 1906 bis 1911 insgesamt 181.034 Kinder ortsanwesend. Demnach wurden in diesen 6 Jahren durchschnittlich 30.173 Kinder geboren. Die folgende Zeit brachte stetig weniger Kinder und die Kriegsjahre, durch die Trennung der Familien und die sozialen Nöte, erst recht.

> 1912: 27.894 Kinder
> 1913: 26.850 Kinder
> 1914: 24.702 Kinder
> 1915: 20.777 Kinder
> 1916: 15.473 Kinder
> 1917: 13.642 Kinder[22]

Viel Schuld an der „kleinen Familie" wurden den Frauen zugeschoben. Ihren „Hochmut" kritisierte die deutsche Gesellschaft und forderte die Beibehaltung der 4-6-Kinderehe auch im Krieg.

Berlin-Brandenburger Ärztekammer
vom 22. Januar 1916 Sanitätsrat Dr. N. Schäffer:

> Das Gebären ist der Mehrbetrag der deutschen Frau.
> Sitzung im preußischen Abgeordnetenhaus am 24. Fe-

bruar 1916 Abg. Dr. Lohmann zu den Ursachen des Geburtenrückganges:
Es handelt sich um eine gewisse Schwäche des Willens auf ganz bestimmten Gebieten und auch darum, daß die Frau als aktiver Faktor in die Geburtenpolitik eingetreten ist.

In derselben Sitzung erklärte Abg. Dr. Mugdtan:
Der Kampf gegen den Geburtenrückgang kostet Geld, viel Geld, Worte helfen da nicht, hier kann es auf Millionen nicht ankommen, diese Millionen verzinsen sich wirklich.[23]

Reichskanzler v. Bethmann Hollweg ließ an Professor Julius Wulf, Vorsitzender der Deutschen Gesellschaft für Bevölkerungspolitik, ein am 9. Oktober 1915 in den Berliner Blättern veröffentlichtes Schreiben richten, worin er seine Meinung dahin ausdrückte, daß „die Gesellschaft dem Vaterlande äußerst wertvolle Dienste leisten kann, wenn sie wirksam dazu beiträgt, gegenüber der besorgniserregenden Tatsache des Geburtenrückganges das Verantwortungsgefühl zu schärfen und auf die Anwendung aller geeigneten Mittel zur Eindämmung der unsere Volkskraft bedrohenden Gefahr zu dringen."[24]

Rück- und Ausblick

Bis zum Kriegsende war im Kaiserreich der Frauenanteil an der arbeitenden Bevölkerung massiv gestiegen. Der Hauptverband der Berliner Ortskassen zählte am 1. Januar 1914 1.617.009 und am 1. Januar 1918 4.440.739 weibliche Mitglieder. 1918 stellte das weibliche Geschlecht mehr als die Hälfte aller Arbeitskräfte.

Schon im Verlauf von 1918 diskutierten Industrieverbände und Parteien die Frage, was auf den Arbeitsplätzen mit den Frauen nach

Beendigung des Krieges geschehen sollte. Selbstredend im Geheimen, unter Ausschluss der Öffentlichkeit. Ziemlich geschlossen positionierte man sich auf den Vorzug der von der Front zurückkehrenden Männer. Daran konnten auch Novemberrevolution und die Weimarer Republik nichts ändern. Die Arbeitgeber wurden gesetzlich verpflichtet die Kriegsteilnehmer auf den alten Arbeitsstellen wiedereinzustellen. Selbst die Universitäten einigten sich auf diesen Modus und begünstigten 1919 den hohen Andrang der männlichen Studenten.

Was nahmen Massen von Frauen aus der schweren Kriegszeit mit: Gewonnenes Selbstbewusstsein, Courage, Lebens- und Berufserfahrung, das Wahlrecht, ertragenes Leid und nicht selten eine beeinträchtigte, schlechte Gesundheit durch schwere körperliche Arbeit und Mangelernährung.

Schließlich durfte erstmals in der deutschen Geschichte sich jede Frau auch Frau nennen:

> Die Bezeichnung Frau für eine Angehörige des weiblichen Geschlechts ist nicht gleichbedeutend mit Ehefrau. Sie ist weder eine Personenstandsbezeichnung, noch ein Teil des Namens, noch ein Titel, der verliehen werden müsste oder könnte. Es kann deshalb auch keiner ledigen Frau verwehrt werden, sich Frau zu nennen. Die Verfügung des Ministers des Inneren vom 31. Juli 1869, die der entgegen gesetzten Ansicht Ausdruck gab, und die darauf gestützte Praxis, wonach die Bezeichnung Frau als Titel oder königliche Kurzbezeichnung verlieren wurde, entbehren eines Rechtsgrundes und entsprechen nicht den heutigen Lebensverhältnissen und Tatsachen. Verfügung nicht mehr anwenden lassen.[25]

Exkurs Nationaler Frauendienst

Nationaler Frauendienst.

Von Dr. Alice Solomon.

„Wir wollen dienen, gleichwie auch ihr dienet."

Das ist nicht nur der Ausdruck unseres Empfindens im Kriege. Das ist stets das Leitmotiv aller modernen Frauenbestrebungen gewesen. Wenn wir danach verlangt haben, dass uns die Pforten der Wissenschaft geöffnet, neue Berufe erschlossen, Rechte im öffentlichen Leben zugebilligt wer den, so geschah das alles, weil wir glaubten, dass wir auf diese Weise besser dem Vaterlande, der Menschheit dienen könnten. Wir wollten unsere Anlagen und Kräfte, das, was uns Frauen eigentümlich ist, dem Ganzen nutzbar machen. Wir wollten als Bürgerinnen gleich den Bürgern dienen. Und mit diesen den Frauen eigentümlichen Anlagen und Kräften haben wir uns in Reih und Glied gestellt, als ihr hinauszogt, um die Heimaterde zu verteidigen. Inniger noch und tiefer als je zuvor klang es in unseren Herzen: Wir wollen dienen gleichwie auch ihr dienet!
Vielleicht hat niemals eine Generation von Frauen aktiver einen Krieg miterlebt, mitgekämpft, als die unsere. Wir wussten von der ersten Stunde, von den Tagen der Mobilmachung an, dass wir nicht nur im starken, aber doch passiven Leiden und Dulden, nicht nur im aufrechten Tragen des Trennungsschmerzes - auch des Abschieds von unseren Lieben für immer, wenn es sein muss - unsere Kriegslast zu tragen haben. Wir wussten, dass wir aktiv zu sein, mit euch - wenn auch mit anderen Waffen - mitzukämpfen, das Vaterland mit zu verteidigen haben. Dabei sind wir gewiss, dass euch dieser Dienst daheim, der Dienst bei den sozialen und wirtschaftlichen Nöten nicht klein und gleichgültig erscheint. Wir sind gewiss, dass eure Seele, die da draußen dem Ewigen so viel näher ist als sonst im Alltagsgetriebe, auch die tiefen Nöte

der Daheimgebliebenen versteht, und dass ihr alle, die daheim helfen, damit unser Volk bis zum Siege ausharre und stark bleibe, als Mitkämpfer willkommen heißt. So senden wir zu euch Grüße nach Ost und West. So wissen wir, dass wir zu euch gehören, mit euch verbunden sind durch die Liebe zu unserer Heimat, zu unserem Volk, durch den Dienst und die Hingabe an das eine Ziel, dem wir alle jetzt mit ganzem Herzen nachgehen.

Diese Grüße, die ich zu euch als eine der Mitarbeiterinnen im Nationalen Frauendienst sende, sollen nun aber besonders von dem sprechen, was unsere Arbeit mit der studentischen Jugend, die im Felde steht, verbindet. Wohl habt ihr nicht wie so viele Reservisten und Landwehrmänner, Weib und Kind daheim gelassen, die Eurer bedürfen, die ohne den Ernährer in Not geraten. Und auch eure Eltern gehören fast ausnahmslos den Kreisen an, in denen die Söhne versorgt werden, nicht die Eltern zu versorgen haben. Aber trotzdem bestehen Beziehungen zwischen eurem Leben im Kampf draußen und unserem Leben der Fürsorge im Inneren. Denn unsere Arbeit, unsere Hilfe, wird den Kriegerfrauen- und -kindern gebracht, weil wir in ihnen ein heiliges Vermächtnis sehen, das die Ausziehenden uns zurückgelassen haben, weil wir den heimkehrenden Rechenschaft ablegen wollen, wie wir für die Ihren gesorgt haben, - weil wir wissen, dass ihr nur bis zum Siege durchhalten könnt, wenn in der Heimat Not und Sorge nicht in die Türen der Häuser hineinkommen.

Wir sorgen auch, so gut wir können, für die Arbeitslosen, für alle, die durch den Krieg ihres Erwerbs beraubt sind, damit nicht Hunger und Elend die Stimmung voll Mut und Vertrauen ertötet, deren das ganze Volk bedarf. Wir sorgen besonders für die jungen Arbeiterinnen, die jetzt in Fabriken nicht unterkommen. Wir sammeln sie in Arbeits- und Nähstuben, damit sie Unterhalt und Rückhalt finden ,- damit die jungen Männer, wenn sie zurückkehren, ihre Bräute oder die Mädchen insgesamt, die späterhin die Mütter der kommenden Generation werden sollen, unversehrt an Geist und Seele durch die Versuchungen einer

Periode ohne geregelten Pflichtenkreis wieder finden.

Wir stehen an der Seite der Witwe, wenn die Nachricht kommt, dass einer eurer älteren Kameraden gefallen ist, und wir versuchen, ihr den Übergang in das veränderte Leben mit seinem Schmerz und mit seinen neuen Aufgaben zu erleichtern, durch Fürsorge, durch die schwesterliche oder mütterliche Teilnahme, mit der wir ihre Sorgen mittragen.

Hunderte und Tausende von Frauen und Mädchen gehen Tag für Tag an diese Arbeit, an Pflichten, die oft undankbar, manchmal eintönig, immer anstrengend er scheinen. Alte und Junge, von der Großmutter bis zum Schulmädchen, Frauen aus allen Schichten, die Ministertöchter, das Bürgermädchen wie die Arbeiterfrau, die Kommilitonin wie die Haustochter oder das Sportmädchen: sie alle stehen in Reih und Glied - gleich wie draußen im Feld Männer aller Parteien und Berufe, in Reih und Glied stehen. Eine jede tut, was sie kann? oft mehr als sie kann.

Denn eine jede fühlt, dass heut Aufbietung aller Kräfte nichts als einfachste Pflichterfüllung ist. In dieser Arbeitsgemeinschaft haben auch wir manches gelernt, vieles gewonnen. Einmal das Gefühl einer starken Gemeinsamkeit, wie es eben nur aus der Verbundenheit in der Arbeit für große Ziele hervorgehen kann. Aber darüber hinaus haben manche - besonders unter den jüngeren Mädchen - zum ersten Mal begriffen, dass es nicht Zweck und Ziel des Lebens ist, für sich zu leben, dass man „sich verlieren muss, um sich zu finden". Diese Mädchen werdet ihr bei der Rückkehr wohl ernster, aber auch reifer, tiefer, wertvoller wiederfinden.

Auch von euch hat mancher ein Mädchen zurückgelassen, dem eure besten Gefühle gehören. Mancher hat von der Braut Abschied nehmen müssen, und andere von der Freundin, in der sie sich für späterhin die Braut erhofft haben. Und bei vielen sind keimende Gefühle, die unbewusst waren, bei der Trennung erst wach geworden - wie uns allen ja die Gefühle für unsere Lieben soviel gewisser und deutlicher ins Bewusstsein rückten, als wir sie für ein ungewisses Wiedersehen hinausziehen sahen. Die Mädchen, die ihr zurückgelassen, und die in großen Scharen den Weg zu unserer Arbeit gefunden haben, die dienen wollten gleich wie ihr dienet, gehen auf recht einher.

Wohl gehören ihre Gedanken, ihre Wünsche euch. Wohl gilt ihr hoffen und Zehnen eurer glücklichen, siegreichen Heimkehr. Aber sie wissen wohl, dass für manche der Tag des Glücks nie kommen wird. Sie wissen, dass nicht alle, die in frohem hoffen hinauszogen, auch heimkehren können. In meinem engsten Arbeitskreise ist eine ganze Anzahl von Mädchen, denen schon die ersten Kriegsmonate zerstört haben, was ihrer Jugend Zukunftstraum war. Aber wie die Männer draußen es empfinden, dass es etwas gibt, was größer und heiliger ist als das Leben selbst, so lehrt auch der Dienst an anderen daheim die Frauen, dass das Leben nur soviel wert ist, wie man geben, nicht aber wie man empfangen kann. Daraus ziehen sie die Kraft, aufrecht zu gehen, in Sorgen und Sehnen, in Bangen und Trauern.

Sie haben gelernt, dass die eigene Last sich um soviel leichter trägt, je mehr man die Lasten anderer mit auf seine Schultern lädt. Sie haben Aufgaben gefunden, die ihnen bleiben werden, was immer auch Einzelnen unter ihnen genommen werden mag. Der Weg zu einem Leben ist ihnen offenbart worden, das von dem eigenen Wünschen und Wollen losgelöst oder wenigstens freier geworden, das von überpersönlichen Zielen erfüllt ist. Auch von denen, die viel verlieren müssen, wird manche die Kraft haben, die einst in den Worten Ausdruck fand: „Gott aber sei Dank, der uns den Sieg gegeben hat."[26]

Frauenarbeit in einer Militärkonservenfabrik

Zwiebelschälen

Ablieferung von Frauenhaar,
Kilo Mk. 20.—   Phot. B

Näh- und Strickstube

**Frauen beim Lackieren von Flugzeugtrag-
flächen**

Liebesgaben des Mütterbundes

Massenspeisung

1916: Die erste Ber-
liner Rektorin an einer
städtischen Schule: Frau
Görge, Leiterin an einer
Mädchen-Mittelschule.

1916: Die erste türkische
Studentin in Deutschland.
Emineh Nuri Hanum,
Tochter eines türkischen
Großkaufmanns, weilt
zum pädagogischen Stu-
dium in Berlin.

Abdrehen der Granaten

Schleifen

Wiegen

Endprüfung

Straßenbahnschaffnerin

Fahrkartenverkauf

Lesehalle

Rote Kreuz Sammlung

Müllabfuhr

Fensterputzerinnen

Schleifen von Bahnschienen

Beim Straßenbau

8   Ostpreußische Flüchtlinge

Auf der Flucht

Ende August 1914 riefen die Berliner Zeitungen die Bevölkerung zur Hilfeleistung für die Ostpreußen auf, denn die geflohenen Menschen waren heimatlos geworden. Die Not war groß, sie brauchten Unterkünfte und jede erdenkliche Hilfe. Was war geschehen? Der Erste Weltkrieg begann auf deutschem Boden in Ostpreußen.

Am 1. August 1914 nahmen russische Kosaken mit Karl Bleck aus Eschenbruch den ersten Zivilgefangenen und verschleppten ihn nach Russland.[1] Am 10. August zündeten Rigaer Dragoner das Dorf Dayen (Kreis Pillkalen, Regierungsbezirk Gumbinnen) an.[2]

Rennenkampf

Mitte August fiel die russische Armee unter General von Rennenkampf mit großer Macht in Ostpreußen ein (17. August Schlacht bei Stallupönen, 19./20 August Schlacht bei Gumbinnen) und besetzte den südlichen Teil der Provinz. 173.000 Deutsche der 8. Armee unter Generaloberst Maximilian von Prittwitz und Gaffron standen einer Übermacht von 485.000 Russen gegenüber und damit auf verlorenem Posten. Der Schlieffen-Plan hatte die schnelle Gefahr an der Ostfront sträflich unterschätzt.

Damit brach der Krieg mit aller Härte in die deutschen Ostgebiete ein und traf die Menschen unvorbereitet. Die vaterländische Seele geriet allgemein in Aufruhr und weckte eine enorme Bereitschaft im gesamten Deutschen Reich. Viele Menschen wollten helfen, man sammelte z. B. Geld und Kleidung, um nur einiges zu nennen, auch in Berlin.

Die Vaterländischen Frauenvereine organisierten sofort Geldsammlungen für die betroffenen Menschen. Die Bürger wurden aufgefordert, neben den „Liebesgaben für unsere Feldgrauen", zusätzlich für die Flüchtlinge zu spenden, Kleidung, Wäsche, Seife usw. Gebraucht wurden all die vielen kleinen Alltagsdinge, die in den Familien entbehrt werden konnten.

Viele der Vertriebenen waren Hals über Kopf losgezogen, hatten Haus und Hof zurückgelassen, aus Angst und Sorge vor den Feindestruppen. Nicht wenige fühlten sich von einigen preußischen „Beamten" verlassen und ohne Schutz, die als erste die Flucht ergriffen. Und die Nachrichten über das militärische und rücksichtslose Verhalten der russischen Kosaken waren schockierend.

Andere Einwohner folgten der von den deutschen Behörden angeordneten Räumung in den unmittelbar von Kämpfen bedrohten Städten. Am 22. August wurde die Stadt Angerburg geräumt und als General Rennenkampf am darauffolgenden Tag einzog, fand er nur wenige Menschen vor und am 24. August verließen die russischen Soldaten Angerburg wieder und hinterließen Müll über Müll auf den Straßen.

Zigtausende Ostpreußen hatten seit Ende August Haus und Hof und begaben sich auf die Flucht.

Berlin-Moabit, 26. August. Wer gestern die Hallen und Korridore des Moabiter Justizpalastes betrat, empfing einen ungewohnten Eindruck. Das gesamte Inventar der vier Schwurgerichtssäle wurde herausgeschasst. Andere Zimmer, darunter das Anwaltszimmer und das Pressezimmer, wurden ausgeräumt. Die freigewordenen Zimmer sollen zu vorläufigen Wohnungen, für die aus den ostpreußischen Dörfern geflohene Landbevölkerung eingerichtet werden. Die Verpflegung soll aus der Zentralküche des Untersuchungsgefängnisses erfolgen. Schlafdecken, Waschgeschirre und Tausende von Eßbestecken wurden gleichfalls herbeigeschafft. Das Angebot von Wohnungen für die Flüchtlinge hat einen so großen Umfang angenommen, daß nunmehr ersucht wird, weitere Angebote schriftlich zu machen. Kleidungsstücke können nicht mehr im Reichstagsgebäude abgegeben werden, der verfügbare Raum hat sich für die Fülle der Spenden erfreulicherweise als zu klein erwiesen.

Als Abgabestelle ist jetzt die Turnhalle des französischen Gymnasiums bestimmt worden.[3]

Generalstabschef Helmuth von Moltke löste den glücklosen Prittwitz von seinen Aufgaben ab und schlug dem Kaiser als Nachfolger den 67-jährigen Paul von Hindenburg und den ehrgeizigen, 49-jährigen Erich Ludendorff vor. Hindenburg übernahm das Kommando über die 8. Armee am 22. August, Ludendorff wurde Generalstabschef. Mit den unter Hindenburg gewonnenen Schlachten von Tannenberg (26. August bis 30. August 1914) und in den Masuren (6. bis 14. September 1914) konnte Ostpreußen von der deutschen Armee zurückerobert werden. In den Schlachten fielen 120.000 russische Soldaten, 90.000 gerieten in deutsche Kriegsgefangenschaft. Auf deutscher Seite mussten 13.058 Tote beklagt werden.

Die September-Kämpfe 1914 verliefen für die deutsche Armee mit den drittgrößten Verlusten im Osten während des gesamten Krieges.

v. Moltke

Hindenburg

Seit Mitte August wurden Truppen von der Westfront abgezogen und in das gefährdete Gebiet transportiert, darunter auch das Berliner 2. Garde-Reserve-Regiment (Kaiser Franz):

31. August: Um 1 Uhr wurden wir geweckt, und um 5 Uhr 30 Min. begann die Eisenbahnfahrt. Sie geht zunächst über Crefeld, Duisburg, Hamm, Bielefeld, Hannover ... 1. September: Über Berlin, Pankow, Bernau kamen wir abends 9 Uhr 14 Min. in Stettin an ... 2. September: Über Tempelburg, Könitz, Dirschau, Marienburg ging die Fahrt bis abends 7 Uhr nach Grünau. Nach einer Fahrtdauer von 62 Stunden, von der ich gänzlich steif und lahm mich fühlte, war mir der Marsch nach Elbing, den wir abends 10 Uhr antraten, eine wahre Erquickung ... 3. September: Wir sind 7 Uhr 15 Min. angetreten zum Marsch nach dem 22 km entfernten Preußisch-Holland.

9. September. Am heftigsten wütete das Gefecht zwischen 2-4 Uhr, bis unsere Artillerie, die seit 8 Uhr eingegriffen und Schallen in Brand geschossen hatte, die russischen Batterien endlich zum Schweigen brachte. Um 8 Uhr löste das 2. Bataillon uns ab, und wir fanden volle Deckung im Schützengraben, hinter dem Drahtzaun. Das Bataillon hat 10 Offiziere und 425 Mann Verlust gehabt; davon 77 Tote, so daß es nur noch drei friedensstarken Kompagnien gleicht.

15. September: Trotz aller Strapazen und Aufregungen, die ich durchgemacht habe, geht es mir durchaus wohl; ich glaube kaum, daß wir nach den großen Verlusten, die wir gehabt haben, zunächst wieder ins Feuer kommen; in Ostpreußen ist jedenfalls keine Verwendung mehr für die Garde-Reserve-Regimenter, und somit bekommen wir

einen neuen Wirkungskreis zugewiesen. Aber wo?4
Schicht

Am 17. September 1914 stellte die OHL mit neuen Einheiten die 9. Armee auf, deren Führung Hindenburg übernahm. Er leitete gleichzeitig den Oberbefehl im Osten und wurde am 1. November zum Oberbefehlshaber-Ost ernannt.

Doch in den befreiten ostpreußischen Gebieten bestand die Hoffnung auf ein normales Leben nur kurzzeitig. Am 2. November 1914 fielen russische Truppen erneut ein und besetzten bis zur entscheidenden 2. Masurenschlacht, Ende Februar 1915, abermalig deutsches Gebiet.

Am 10. November wiesen die Königsberger Regierung und die Oberste Heeresleitung die sofortige Ausreise der gefährdeten Einwohner an und stellten Flüchtlingszüge bereit. Wieder setzten sich zahlreiche Flüchtlingstrecks in Bewegung, bis zu 800.000 Menschen befanden sich insgesamt auf der Flucht und nur die wenigsten kamen mit den Zügen fort. Ein Großteil des Wegs musste zu Fuß oder mit jeder Art von Wagen zurückgelegt werden, manche zogen so über 20 km bis Königsberg. Pfarrer Paul Hurtzig aus Grevesmühlen schrieb im Rückblick über die Anstrengungen der Massenflucht:

Bei Gumbinnen waren die Straßen schon so überfüllt, dass kaum vorwärts zukommen war. Wagen reihte sich an Wagen in unübersehbarer Fülle, beladen mit Betten und Hausrat, zwischen denen Frauen und Kinder, Greise und Kranke angstvoll und weinend herausschauten. Die Männer trieben die Pferde und Rinder, von denen manche, durch die Länge des Weges und das mangelhafte Futter vollständig erschöpft waren ...[5]

Flüchtlingskolonne

Von Königsberg wurden die Flüchtenden nach und nach in Richtung Brandenburg[6], Berlin, Pommern, Mecklenburg, Schleswig-Holstein, Hamburg usw. mit Zügen und Schiffen gebracht.

Gerdauen (Ostpreußen)

Etwa 4.000 Menschen sind zurzeit obdachlos. Die Not derselben, die ohne schützendes Dach, ohne Verpflegung und ohne Geldmittel dem Winter entgegensehen und unter den Unbilden der Witterung jetzt schwer leiden, ist groß. Für den Ausbau von Baracken sind anscheinend Mittel noch nicht vorhanden. Ich appelliere daher an die in letzter Zeit bewiesene grosse Opferfreudigkeit in unserm deutschen Vaterlande und bitte auch derer zu gedenken, die, von Haus und Hof vertrieben, jetzt bei ihrer Rückkehr nur Trümmerhaufen vorgefunden haben. Geld und Bekleidungsstücke, im Besonderen warme Sachen für den Winter und Betten werden dankbarst vom Landrat Frhrn. von Braun in Gerdauen entgegengenommen. Auch wird daselbst über alle Eingänge quittiert werden. Für jede, auch die kleinste

Spende im Voraus wärmsten Dank![7]

Berlin bereitete sich auf die zweite große Flüchtlingswelle vor. Die Stadtverordnetenversammlung vom 8. Oktober 1914 beschloss zur Hilfe für Ostpreußen an den Deutschen Städtetag einen Geldbetrag von 250.000 zu leisten. Der Schöneberger Magistrat bewilligte 20.000 Mark. Die Neuköllner Stadtverordnetenversammlung einigte sich auf 8000 Mark für die Betroffenen. Die Steglitzer Gemeindevertretung gewährte 5000 Mark.

Es war Spätherbst geworden und der kalte Winter stand vor der Tür, die Versorgung und Unterbringung der Flüchtlinge erforderte große Anstrengungen. Es fehlte den Menschen an Bekleidung, insbesondere an Schuhen, trotz Kleiderhilfesendungen aus nicht besetzten Gebieten Ostpreußens. Diesmal galt es auch für die Beschulung der ostpreußischen Kinder zu sorgen, denn zu der Zeit war die Dauer des Aufenthalts noch nicht abzusehen. Dabei sollten für die Kinder das Schulgeld nicht erhoben und die notwendigen Schulbücher kostenlos ausgegeben werden.

Die finanzielle Belastung der Gemeinden wurde einmal mehr auf die Probe gestellt und obgleich es staatlicherseits Unterstützungsgelder gab, mussten auch die Städte ihre finanziellen Hilfen strecken. Dafür setzte ein entsprechender Verwaltungsaufwand bei den Behörden ein.

Die Flüchtlingsfamilien hatten detaillierte Unterstützungsanträge wahrheitsgemäß auszufüllen, um finanzielle Ansprüche oder medizinische Hilfe stellen zu können. Die erwerbsfähigen Leute, Jugendliche eingeschlossen, mussten ihren Anteil an der Versorgung der Familie leisten. Das bedeutete sich bei der Arbeitsvermittlung zu melden oder auf anderen Wegen eine Arbeit anzunehmen. Müßiggang oder Vorschub von Krankheiten wurde keinesfalls geduldet. Hilfe wurde jedem gewehrt, der Bedürftigkeit nachweisen konnte, aber ein Eigenanteil musste unter allen Umständen geleistet werden. Es gab keine Auswahl bei der zugewiesenen Arbeit, ebenso bei den Unterkünften. Es war nicht die Zeit, um Rücksichten auf persönliche Schicksalsschläge zu nehmen. Es war Kriegszeit.

Nicht nur die Menschen mussten in der Fremde eine Unterkunft finden, vorübergehend musste gerettetes Vieh in der Provinz Brandenburg untergebracht und gefüttert werden. Dieses Flüchtlingsvieh befand sich in schlechtem Zustand, im Gebrauchswert stark herabgesetzt. Allgemein vollzog sich die Unterbringung schwierig, obwohl den Bauern ein tägliches Entschädigungsgeld zustand, weil ein Schlachtverbot für das eigene Vieh bestand und damit die Ställe überfüllt waren.

Eine andere Schwierigkeit stellte der Futtermangel dar. Daraus resultierte auch, dass ein Großteil des nach Westen transportierten Rindviehbestands gleich dem Berliner Schlachthof zugeführt wurde, wofür die ostpreußischen Besitzer einen annehmbaren Schlachtpreis erhielten.

Im späten Frühjahr 1915 wurde die Provinz für den zivilen Verkehr frei gegeben und die Bewohner kehrten in ihre Heimat zurück.

Am 13. April 1915 bereisten der Vizepräsident des Königlichen Staatsministeriums Dr. Delbrück, der Finanzminister Dr. Lentze und der Minister des Innern v. Loebell Ostpreußen. Die Regierungsbezirke Allenstein, Gumbinnen und Königsberg wurden besucht, um sich vor Ort ein Bild zu machen. Im August 1915 fuhren preußische Abgeordnete nach Ostpreußen und hinterließen über die Lage einen ausführlichen, objektiven Bericht.

Der ermittelte Kriegsschaden auf deutscher Seite war immens: etwa 1.700 getötete Zivilisten, über 10.000 deportierte bzw. verschleppte Deutsche nach Russland, Vergewaltigungen von Frauen. 24 Städte, 600 Dörfer und 200 Güter waren durch Kriegszerstörungen der russischen Armee schwer betroffen, 34.000 Gebäude zerstört und 100.000 Wohnungen geplündert[8]

Der „Bund für Mutterschutz" (Ortsgruppe Berlin) forderte im Mai 1915 den Reichstag mit einer Eingabe um ein Notgesetz auf, wonach:

„Frauen, die unter den natürlichen Folgen von Vergewaltigungen zu leiden haben, berechtigt sein sollen, die Schwangerschaft durch einen Arzt unterbrechen zu lassen. In den Fällen aber, in denen die betreffende Frau sich dieser Maßnahme nicht unterziehen will, soll wenigstens der Staat die Fürsorge für die aus solchen Verbrechen hervorgehenden Kinder übernehmen"[9]

Zur Unterstützung von Ostpreußen und vor allem für den Wiederaufbau bildete sich in Deutschland zentral die „Ostpreußenhilfe" (Verband deutscher Kriegshilfevereine für zerstörte ostpreußische Städte und Ortschaften der Provinz Ostpreußen) heraus und trat an die Provinzen mit der Bitte heran, sich für geschädigte Städte und Landkreise mit tatkräftiger Hilfe zu engagieren.
In Berlin gründete Freiherr von Lüdinghausen, der Polizeipräsident von Wilmersdorf, im Februar 1915 mit der „Ostpreußenhilfe" eine Organisation, die anderthalb Jahre danach bereits über ein Vermögen von zwölf Millionen Mark verfügte. Mit einer gezielten Städtepartnerschaft konnte große Hilfe geleistet werden. Erste Berliner Stadtpatenschaften entstanden: Wilmersdorf mit Gerdauen, Schöneberg für Domnau, Berlin selbst wurde Schutzstadt für Ortelsburg, die Stadt Potsdam Patin für Romiten und Dubeningken (Regierungsbezirk Gumbinnen). Die Bewegung breitete sich über ganz Deutschland aus.

In einzelnen Fällen übernahmen deutsche Städte die Fürsorge für zerstörte Städte in Österreich-Ungarn (Galizien).
Ende Mai 1915 schrieb der Vorstand des Deutschen Städtetags

an alle Mitglieder, dass „die Verwirklichung des Gedankens der Patenstädte durchaus nicht eine Ausführung durch die Stadtverwaltung voraussetzt. Vielmehr handelt es sich bei dem Plan ebenso um freie Vereine, die zugunsten kriegsbeschädigter ostpreußischer Ortschaften gegründet wurden oder in Gründung begriffen sind"

Bis 1917 kehrten weitere Ostpreußen aus Russland nach Deutschland zurück, meist waren sie während der beiden kriegerischen Einfälle von 1914 in das Zarenreich verschleppt worden. Nach dem Bericht der Kommission des preußischen Abgeordnetenhauses deportierte die Zarenarmee etwa 10.700 Menschen. Immer wieder gelang einigen von dort die Flucht und sie erreichten nach einer langen und beschwerlichen Reise, über Finnland, Schweden und über die Ostsee, völlig erschöpft in Sassnitz deutschen Boden.

Bereits mitten im Krieg begann der staatlich geförderte Wiederaufbau der zerstörten Provinz mit großer Unterstützung aus der gesamten deutschen Bevölkerung.

Bis zum 1. Januar 1916 konnten für den Neubau zerstörter Gebäude durch die Bezirksarchitekten 4655 Entwürfe geprüft werden, wovon die meisten schon zur Ausführung kamen. Mithilfe der Patenstädte Budapest und Berlin-Wilmersdorf konnte der gesamte Wiederaufbau im Kreis Ortelsburg, an dem sich bekannte Architekten wie Heinz Stoffregen, Otto W. Kuckuck und Hugo Wagner beteiligten, in „altdeutschem" Stil bis 1921 abgeschlossen werden.

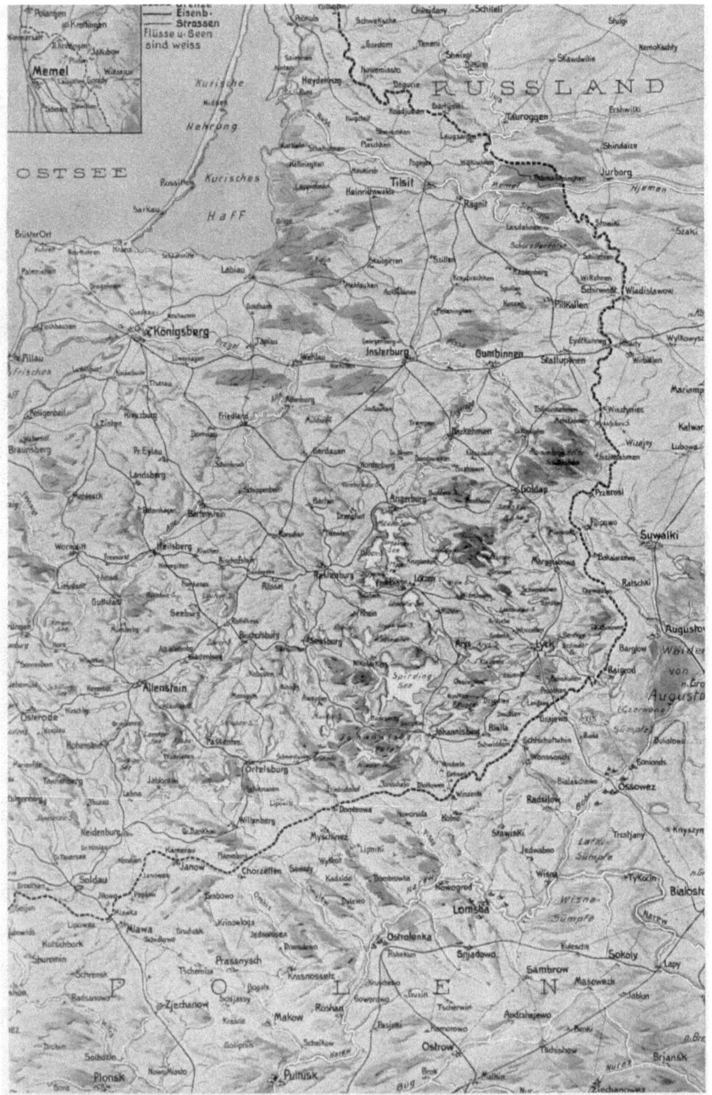

Vogelschaukarte Ostpreußens

Unterkunft in Bahnwagen

Flüchtlingsrast

Lager im Freien

Berliner Hilfen

Kleidersammlung

Verteilung von Lebensmitteln

Barackenlager in der Fröbelstraße

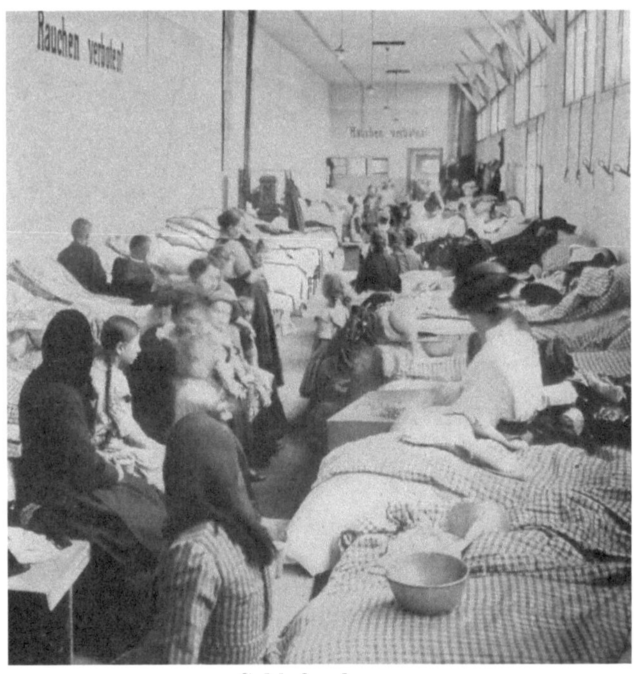

Schlafsaal

Kaiserin und Kronprinzessin in Allenburg

Begrüßung der Kaiserin durch Bauern

**Ostpreußenreise des Hauptausschusses
des preußischen Abgeordnetenhauses**

9 Zeitung im Krieg

Unsere Zeitungen sollen nicht schreiben, was das Volk gerne hört und was demzufolge den Straßenverkauf der Blätter ergiebiger macht. Sie sollen zu den geistigen Führern des Volkes gehören und schreiben, was nützt![1]

Nach Ausbruch des Kriegs mussten bis Ende September 1914 nicht weniger als 215 Zeitungen oder Zeitschriften vorläufig oder endgültig die Produktion einstellen. Davon waren etwa 41 regionale Tageszeitungen betroffen. Am Ende des Jahres verzeichnete die Preisliste der Reichspost etwa 500 Zeitungen weniger.

Mit Kriegsbeginn kamen auf die Verlage wirtschaftliche Schwierigkeiten zu, weil die Herstellungskosten bald über den Verkaufserlös lagen. Sofort stiegen die Betriebsmittel und Materialien im Preis erheblich an bzw. waren überhaupt nicht einzukaufen. So wurde z. B. Erdöl von der Militärbehörde beschlagnahmt und zum Betrieb eines Dieselmotors für die Druckmaschinen musste das teure Petroleum verwendet oder ein Elektromotor eingebaut und vom Elektrizitätswerk Strom entnommen werden. Einen annähernd 35-prozentigen Aufschlag erfuhr die Rotationsfarbe und größere Preiserhöhungen betrafen die meisten unentbehrlichen Hilfsmittel zum Druckereibetrieb (wie Benzin, Terpentin, Terpentin-Ersatz usw.). Papier war nur noch anfangs zu früheren Preisen aufzubringen, der Preis bewegte sich ständig nach oben und erreichte im Juli 1919 400 Prozent.

Verlage wurden ständig mit neuen Verordnungen konfrontiert, die bis 1917 in gedruckter Ausgabe zwei Sammelbände umfassten (Sammlung der Vorschriften über den Verkehr mit Druckpapier, Druckfarbe und Papier, Karton und Pappe).

Anfangs fehlten die geschalteten Anzeigen und Annoncen von Privatleuten, von Händlern, Handwerksbetrieben und Industrie, um die Mehrkosten abzufangen.

> Sehr annoncenreiche Blätter haben schon für den Friedensstand berechnet, daß sie ihren Aufwand für Berichterstattung, Redaktion, Druck, Papier usw. nur zu einem Drittel bis zwei Fünftel decken konnten, also die Annoncen-Einnahme dafür heranziehen mußten.[2]

Durch die Umstellung auf Kriegswirtschaft kam das Inseratenge-
schäft allmählich wieder in Gang und die Gewinne wurden bald
weit übertroffen durch die ständigen Bekanntmachungen der Städte,
Kreise und vor allem der Generalkommandos. Während des Krieges
kamen in Auszügen oder komplett über „8000 Kriegsgesetze und
3000 staatliche Verordnungen" für die Zivilbevölkerung auf das Papier. Sie alle wirkten wie eine indirekte Subvention für die Verlage. Zudem florierte wieder das Annoncengeschäft durch Industrie,
Handel und Handwerk. Kriegsteilnehmer gaben noch ihre Notheirat
bekannt. Ehefrauen, Eltern setzten die Todesannonce für die Gefallenen auf.

Mitunter steuerte das Glück auf die Presse zu. Einmal in der Person
des jüdischen Dichters Ernst Lissauer[3], der mit seinem Gedicht das
deutsche „Volksempfinden" traf, das sich gegen die englische Aus-
hungerungspolitik an die deutsche Zivilbevölkerung wehrte:

Haßgesang gegen England

Dich werden wir hassen mit langem Haß,
Wir werden nicht lassen von unserem Haß [...]
Drosselnder Haß von siebzig Millionen,
Sie lieben vereint, sie hassen vereint,
Sie alle haben nur einen Feind:
England!

Der Verfasser übergab sein Gedicht einer Berliner Zeitungs-
Korrespondenz, die es gleichzeitig an viele Blätter verschick-
te. Mit der Veröffentlichung kamen den Morgenzeitungen die
schon allabendlich vom „Berliner Börsen-Courier" herausgege-
benen „Kriegsberichte" zuvor, die das Gedicht am 1. September 1914, am Vorabend des Sedantags, brachten. Der „Börsen-

Courier" veranstaltete später einen Zweitdruck jener Nummer der „Kriegsberichte", da die Auflage vom 1. September ausverkauft war und stark nachverlangt wurde. Nach Angabe des Dichters selbst wurde das Gedicht in Süddeutschland sofort zum Volkslied „zersungen". Es galt dort als Schöpfung eines bayerischen Soldaten und wurde als solches vom Kronprinzen von Bayern durch Armeebefehl verbreitet. Außerdem fand es Verbreitung in verschiedenen deutschen Armeen teils durch Exemplare für jeden Mann, teils für je eine Eskadron, Batterie, Kompanie. Hamburger Bankhäuser und Handelsfirmen legten den „Hassgesang" in drei Sprachen - deutsch, englisch, französisch - ihren Geschäftsbriefen nach dem neutralen Ausland bei. Eine englische Übersetzung erschien Oktober 1914 in der Londoner „Times", eine andere von Barbara Henderson Ende Dezember 1914 in der „New York Times". Ins Französische und Italienische wurde das Gedicht mehrfach übersetzt, ferner übertrug man es ins Plattdeutsche, Ungarische, Spanische, Holländische. Auch fünf (nicht offizielle) Gedenkmünzen wurden auf den „Haßgesang" geprägt.[4]

Zu Mitte der Kriegszeit wollte unverhohlen die deutsche Großindustrie an der Presse verdienen bzw. auf großindustrielle Rüstungsinteressen mit der Zeitung Einfluss nehmen. Großkapitalisten in Westfalen bildeten ein Konsortium und kauften 1916 den damals wirtschaftlich angeschlagenen „Berliner Lokal-Anzeiger" auf.
Andererseits gab die Presse auch zurück, was sie bekam. Bis auf wenige Tagesausgaben in sozialdemokratischen Blättern, stellte die Presse das deutsche Nationalgefühl ganz oben an, gewann dadurch Leser und war auch bereit dafür zu zahlen:

„Ein Geschenk der deutschen Presse an das Vaterland. Die von der deutschen Presse kostenlos geleistete Werbearbeit zu der sechsten Kriegsanleihe stellt einen Geldwert von 11 Millionen da. Ohne Selbstüberhebung darf dazu bemerkt werden, dass die deutsche Presse, die mit unglaublichem Schwierigkeiten zu kämpfen hat und neben den großen Ausfällen auf dem Gebiet der Anzeigen auch noch anderweitige Schädigung erleidet, um der vaterländischen Werbearbeit für die sechste Kriegsanleihe willen ihrer bisherigen Kriegsopfer ein Weiteres hinzugefügt hat."[5]

So schafften insbesondere viele regionale Zeitungen den Sprung in die Kriegswirtschaft und konnten im Gegenteil noch die Auflage steigern. Und dieser Aufschwung gelang auch mit zeitweise mangelnden Arbeitskräften, denn auch Redakteure, Setzer oder Drucker gingen in den Krieg.

„Die Mitteldeutsche Verlagsanstalt Chemnitz ist geschlossen, da sich der Inhaber in Frankreich als Kriegsgefangener befindet."[6]

Aus dem Ullstein-Verlag, mit seinen Sparten, Buch Zeitung (Vossische Zeitung) und Zeitschriften, kämpften bis Mitte 1916 über 1000 Mitarbeiter an der Front.

Die Zeitung war und blieb über die Kriegszeit hinweg in vielerlei Hinsicht eine wichtige Verbindung zwischen Heimat und Front. Darüber hinaus war die Presse überhaupt das einzige allgemeine Medium, dass die Menschen regelmäßig aktuell informierte und instruierte, mal abgesehen von der Kriegspropaganda. So auch das kleinste Blatt:

Auch der Berliner „Theater-Courier“, das Organ der kleinen Provinzbühnen und Wandertruppen, richtete an seine Leser in solchem Sinne die Mahnung: Der Schauspieler schraube alle Ansprüche, soweit nur immer es möglich ist, herab und ermögliche so seinerseits seinem Direktor das Weiterspielen. Man gebe sich nicht der Hoffnung hin, in irgendeiner anderen Tätigkeit etwa mehr zu verdienen. Alles, aber auch alles, selbst die Landarbeit, ist mit Menschenmaterial überfüllt. Deshalb schränkt Euch ein, es wird besser!“[7]

In den ersten Stunden und Tagen nach dem 1. August warteten die Menschen in Berlin vor den Verlagshäusern und Redaktionen, um die neuesten Informationen von den Ereignissen zu erfahren.

Mit Ausnahme des sozialdemokratischen „Vorwärts“, der nur eine Morgenausgabe hatte, erschienen die Berliner Zeitungen während des Krieges zweimal am Tage und zwar morgens und abends. Außerdem konnte Ullstein sein Mittagsblatt „B. Z. am Mittag“ im alten Umfange weiter erscheinen lassen und ebenso Viktor Hahn sein „8 Uhr Abendblatt“, welches als eine Ergänzung der Abendzeitungen gedacht war.

Die Berliner Redaktionen gaben, wie andere Zeitungen in den deutschen Großstädten auch, nach Redaktionsschluss für den Abend ganzseitig gestaltete Blätter oder eine kleinformatige Seite mit gerade eingetroffenen Nachrichten, Schlagzeilen (per Telegrafie) heraus.

Etwas weiter ging der Verlag August Scherl (Zimmerstraße 36-41) mit seiner Extraausgabe des „Berliner Lokal-Anzeiger“, die ungefähr in der achten Abendstunde als „Deutsche Kriegszeitung“ erschien. Ebenso ließ der „Berliner Börsen-Courier“ täglich eine Extraabendausgabe, mit „Kriegsberichte des Börsen-Courier“ getitelt, erscheinen.

Im August 1914 prägte das Berliner Zeitungsbild eine nicht zu überbietende Sensationshascherei, um damit die Auflagen in die Höhe zu treiben. Tausende Zeitungsjungen an allen Ecken schrien sich die neuesten Schlagzeilen aus der Lunge.

Ein „übereifriges" Blatt (Berliner Lokal-Anzeiger) verkündete mit seinem Extrablatt sogar die deutsche Mobilmachung bereits am 31. Juli und machte auf eigene Faust Krieg, Hauptsache die Kasse stimmte. Die „Mähr" übernahmen auch auswärtige Zeitungen. Und so begann der Erste Weltkrieg beispielsweise in dem kleinen badischen Städtchen Achern (Acher- und Bühler Bote) schon am 31. Juli 1914.

Politische Witzblätter, wie die liberalen „Lustigen Blätter" und der „Ulk", der freie demokratische „Simplicissimus" und der sozialdemokratische „Wahre Jacob" hatten Konjunktur.

Dagegen wurde aus Angst vor dem „untreuen Vaterlandsgesellen", dem „Vorwärts", vom Polizeipräsidium und dem Oberkommando der Marken sofort ein Maulkorb verpasst. Erst als am 4. August 1914 die Sozialdemokraten die Kriegskredite im Reichstag bewilligten, wurde das Auslegen und der Verkauf des sozialdemokratischen „Vorwärts" auf allen Bahnhöfen der Preußisch-Hessischen Eisenbahnen gestattet, und das bisher entgegenstehende Verbot aufgehoben. Jetzt erst konnten die Zeitungshandlungen in den Bahnhöfen der Hoch- und Untergrundbahnen den „Vorwärts ausgelegen.

Später ging insbesondere kleineren Verlagen personell und materiell die Luft aus, sodass sie auf Extrablätter verzichteten:
Und ab 1917 erlaubte der Papiermangel im Kaiserreich kein Aushängen von Extrablättern mehr:

Bekanntmachung über Druckpapier vom 29. Mai 1917.
§ 3.
Der Aushang von Zeitungen und Zeitschriften oder Teilen
davon, sowie der Aushang von Extrablättern an Schaufenstern,

Anschlagsäulen, Anschlagtafeln, in Verkaufsstellen, Gast- und
Schankwirtschaften, sowie an allen übrigen Stellen des öffentlichen Verkehrs wird verboten.
An solchen Stellen, an denen ein gewerbsmäßiger Verkauf von
Zeitungen und Zeitschriften stattfindet, darf je ein Stück jeder
zum Verkauf stehenden Zeitung oder Zeitschrift ausgehängt
werden.[8]

Freilich zeigte sich die Berichterstattung vom Krieg in den ersten
Tagen mehr als dürftig. Was die Berliner Bevölkerung in der Tat
erst mal vom Krieg erfuhr, befriedigte keinen, die Leser mussten es
mit „patriotischem Verständnis“ und in Ruhe ertragen, dass sie über
alles, was die wichtigsten Angelegenheiten des Augenblicks betraf,
in voller Unkenntnis gehalten wurden. Von keinem Regiment wusste
man, wo es lag und kämpfte. Man kannte nicht die aufgestellten Armeen, nicht einmal die Namen der Generäle, denen Oberkommandos übertragen waren.

Auch das war nicht ungewollt, sondern vorbereitet. Schon zwei
Monate vor Kriegsausbruch verabschiedete der Deutsche Reichstag
das „Gesetz gegen den Verrat militärischer Geheimnisse“. Es trug
das Datum vom 3. Juni 1914 und enthielt einen wichtigen Paragrafen gegen die Veröffentlichung militärischer Nachrichten „während
eines Kriegs gegen das Reich oder bei drohendem Kriege“. Jede
Veröffentlichung von „Nachrichten über Truppen- oder Schiffsbewegungen oder über Verteidigungsmittel“ wurde für strafbar erklärt,
wenn sie „einem vom Reichskanzler erlassenen Verbote zuwider“
erfolgte.

Von diesem § 10 machte der Reichskanzler noch vor der Mobilmachung Gebrauch, indem er durch Kundgabe vom 31. Juli jede derartige Veröffentlichung verbot, es sei denn, dass sie durch die befugte
Militärbehörde ausdrücklich genehmigt wäre. Weiterhin enthielt die
Bekanntmachung noch ein umfangreiches Register von Informatio-

nen, die unter das Verbot besonders zu rechnen waren; es umfasste insgesamt 26 Nummern. Damit war gleichzeitig mit der Verhängung des „drohenden Kriegszustandes" die Zensur über militärische Nachrichten eingeführt.

Die deutsche Tagespresse war also wohl vorbereitet, als in Berlin der Oberbefehlshaber in den Marken (OBM) sofort nach Übernahme seiner Befugnisse die Vertreter der größten Zeitungen zu sich bestellte. Dass wirklich die Redaktionen aller Parteien ohne Unterschied geladen waren, sollte von vornherein einen guten Eindruck (Burgfrieden) erwecken, und es wurde sehr nachdrücklich bemerkt, dass auch ein Redakteur des „Vorwärts" anwesend war. Um ein gleichgeschaltetes Verhalten der Presse anzubahnen, erschien ein „Merkblatt". Das wurde allen Redaktionen Deutschlands zugänglich gemacht, der Inhalt der Öffentlichkeit gegenüber als vertraulich behandelt. Lediglich die Tatsache, dass es ein solches Merkblatt existierte, war allgemein bekannt.

Der „Reichsverband der deutschen Presse" richtete an alle deutschen Zeitungsredaktionen die dringende Bitte, das Merkblatt mit der peinlichsten Sorgfalt zu befolgen. In zwei Vertreterversammlungen, in Düsseldorf und in Leipzig, betonte der Verband, dass er, wie in Friedenszeiten für tunlichste Freiheit, so im Kriegszustand, für Betonung der Pflichten eintrete, die die Rücksicht auf die Verteidigung des Vaterlandes der Presse auferlege.

Aus dem ersten direkten Verkehr der Berliner Militärbehörde mit Vertretern der Presse gingen ab 1915 die täglichen „Berliner Pressesitzungen" hervor. Damit war für die auf dem Vertriebsmarkt verbliebenen Zeitungen, für die Arbeit der Schriftleitungen und Redakteure, eine strenge, komplexe militärstaatliche Informationsstruktur und die Zensur eingeführt worden.

Nach vier Monaten Krieg beklagte der Vorsitzende des „Verbandes deutscher Redakteure“ die Arbeitssituation seines Berufsstandes, dass ein harter Druck auf den Zeitungen laste; ständig die Gefahr des zeitigen oder dauernden Verbots drohe. Diese Aufgabe sei nicht leicht zu lösen, und er wunderte sich, dass die Berufsgenossen sich so gut damit abfinden. Der Journalist sei sehr zahm geworden, den kleinen Vöglein gleich.

Jede direkte Kriegsberichterstattung behielt sich die Oberste Heeresleitung (amtliche Verlautbarungen aus dem

Oberst von Kessel [9]

Hauptquartier) vor und stellte die heroischen Meldungen von deutschen Siegen, von notwendigen, taktischen Frontverschiebungen oder schmerzlichen Niederlagen, letzte meist nur von den Kriegsgegner, über Agenturen durch und diese Meldungen, Berichte, Kommentare mussten von den zentralen und regionalen Medien eingekauft und wörtlich übernommen werden. Außerdem erschienen „halbamtliche Einzeldarstellungen“ unter der Einleitung: Aus dem großen Hauptquartier wird uns geschrieben: …

Im Deutschen Reich kam dem *Wolffschen Telegraphen Bureau*[10] die Monopolstellung zu, die Agentur wurde zum Sprachrohr der OHL und von der Regierung.

Die Agenturmeldungen wurden von Berlin an 42 Büros in den größeren Städten telegrafiert, von dort aus an kleinere Medien weitergegeben und damit im Jahr 1916 täglich etwa 2500 Zeitungen versorgt.

Die alten Informationskanäle, wie durch Korrespondenten im Ausland, waren abgeschnitten.

> Was die Oberste Heeresleitung in ihren amtlichen Berichten gibt, ist unantastbar ... Bei Veröffentlichungen amtlicher Telegramme des Großen Hauptquartiers ist es unzulässig, diese mit Zwischenüberschriften zu durchsetzen.[10]

Das betraf sämtliche Zeitungsblätter und damit war eine inhaltliche und zeitliche Gleichschaltung der Informationen vom Kriegsschauplatz erreicht. Die Leserschaft in Stralsund oder Bremen wurde vom westlichen und östlichen Kriegsgeschehen genauso schnell und aktuell informiert, wie die Leser in den Städten nahe der Westfront oder in den Großstädten Berlin, Hamburg und Leipzig. So geschah es bei der Einnahme Lüttichs (4.-16. August) oder während der ersten Grenzschlachten bei Mülhausen (9. August) oder Lagarde (11. August).

Und wenn siegreiche Kämpfe in den Zeitungen standen, dann gab es Jubel in München, Berlin, Magdeburg oder Dresden am gleichen Tage mit gehissten Flaggen an den Rathäusern, mit schulfreier Zeit für Kinder, Siegeseuphorie in ganz Deutschland grenzenlos und überall erklangen die Siegesglocken aus den Kirchtürmen. Dagegen mussten die Menschen lange auf die ersten Friedensglocken warten, die in Berlin erstmals am 9. Februar 1918 aus Anlass des Friedensschlusses mit der Ukraine ertönten.

Noch Anfang 1916 machten die regionalen Zeitungen mit dem Slogan: „Wir sind genauso schnell wie die Berliner Zeitungen" in eigener Sache Werbung.

Mitunter stellten sich kleine Pannen ein, weil der „Schlachtbericht" von der OHL erst nach Redaktionsschluss eintraf und aus der gedruckten Zeitung graue Leere vom Platzhalter gähnte.

Neben den gesteuerten Agenturmeldungen vom Krieg ließ die

OHL einige wenige Kriegsberichterstatter zu: Reporter, Maler und Fotografen, sorgfältig zur Frontberichterstattung geprüft. Für die „Vossische Zeitung" berichtete Dr. Oscar Bongard vom westlichen Kriegsschauplatz (August 1914 aus Belgien). Für den „Berliner Lokal-Anzeiger" zeichnete der Berliner Maler Erich Mattschaß.

Beim Empfang der Kriegsberichterstatter im Hauptquartier-Ost am 18. Dezember 1915 ließ Hindenburg verlauten: „Aufgeregte Leute kann man an solcher Stelle nicht brauchen."

Auch die Arbeitsprodukte der Kriegsberichterstatter fielen unter die strenge Zensur. Und für die heimischen Redaktionen galt:

„Änderungen der Telegramme und Berichte von Kriegsbericht-erstattern im Text oder in den Überschriften bedürfen erneuter Zensur."

Eine häufige Rubrik in den Zeitungen füllten die Feldpostbriefe von den Soldaten aus. Natürlich von den brandenburgischen Kriegsteil-nehmern und erst recht von den Berliner Soldaten. Sie sollten beruhi-gend auf die Angehörigen in der Heimat wirken: Angekommen, Ein-drücke vom fremden Land, erste Kämpfe (siegreich), gute Verpfle-gung und medizinische Versorgung, unwürdiger Gegner, gefallene Kameraden usw., ja auch die Feldpostbriefe unterlagen der strengen Zensur. Kein gedruckter Feldpostbrief enthielt den Vermerk: Origi-nal oder Urheber, sondern erklärte sich durch: in Auszügen oder aus dem Brief von Soldat X.

Das Ministerium des Innern in Berlin orientierte im Jahr 1917 die Presse:

„Auf Anregung des Generalstabes und im Einvernehmen mit dem Herrn Kriegsminister mache ich im Anschluss an den Runderlass vom 3. Juni 1916 bekannt:

Die Veröffentlichung von Feldpostbriefen usw. unterliegt in jedem Falle der Zensur, die unbedingt gefordert werden muss. Ihr Zweck ist lediglich, zu verhindern, dass unerwünschte Äußerungen im In- und Ausland bekannt werden, nicht aber die Veröffentlichung von Feldbriefen usw. allgemein zu beschränken. [11]

Krieg und Zensur bestimmte ebenso die regionale Berichterstattung. Sie musste im Ton angemessen sein, also patriotisch, sowohl die Soldaten an der Front als auch die Daheimgebliebenen motivieren und allgemein dem Siegeswillen dienen. Es verbot sich von allein und natürlich durch die Zensur, allzu viel über das Leid zu schreiben, selbst die privaten Todesanzeigen mussten dem Umstand Rechnung zu tragen.

Die Tagesausgaben füllten Korpsbefehle des Oberkommandos in den Marken, Anordnungen des Bundesrats, des Kriegsernährungsamts, Verordnungen und Bekanntmachungen der Magistrate der Städte Groß-Berlins und Vororte oder Aufrufe für Hilfssammlungen von den regionalen Vereinen. Mitunter reichte der Platz nicht aus und es gab wiederum dazu Extrablätter. Der Verbrauch von Mehl und Brot wurde ab Februar 1915 eingeschränkt und rationiert, Brot musste mit Kartoffelzusatz gestreckt werden und schließlich gab es sogar ein häusliches Kuchen-Backverbot. Ab 1916 kam die Rationierung von Fleisch und Kartoffeln hinzu. Ständig war von neuen Wochenmarktpreisen usw. zu hören.

Der „Kriegsausschuss für pflanzliche und tierische Öl und Fette" hatte „im Jahr 1915 dreißig Notizen an die gesamte Presse (etwa 4000 Zeitungen) gegeben. Durch diese Artikel wurde die Bevölkerung aufgefordert, mit Oelen und Fetten sparsam umzugehen, für Oel- und Fettgewinnung aus Abfällen aller Art zu sorgen. Die Oelgewinnung aus Sonnenblumen, Bucheckern und

Lindensamen, sowie die Fettrückgewin-
nung aus Abwässern wurden in mehreren
Artikeln eingehend behandelt."[12]

Die Redaktionen aller Zeitungen mahnten die Leute immer wieder, die amtlichen Bekanntmachungen zu lesen, auch um sich vor
Strafe zu schützen.
Am 7. Dezember 1916 schrieb die Vossische Zeitung zum bevorstehenden Weihnachtsfest:

> Bei der Knappheit an Fett, Seife und Lichtern ist in
> diesem Jahre eine freiwillige Einschränkung im Ge-
> brauch von Weihnachtskerzen dringend geboten. Am
> schönsten wäre es, wenn jedem Weihnachtsbaum nur
> eine einzige Kerze aufgesteckt würde. Die Bedeutung
> und die Feierlichkeit des Vorgangs würde dadurch in
> keiner Weise beeinträchtigt. Den Kindern aber, für
> die ja die Weihnachtsbäume hauptsächlich bestimmt
> sind, wird es eine wertvolle Erinnerung für ihr ganzes
> Leben bleiben, daß im Kriegsjahr 1916 nur eine ein-
> zige Kerze an ihrem Baum brennen durfte.

Selbst im Briefverkehr zum Jahreswechsel mussten sich die Menschen jedes Jahr neu orientieren:

Berlin, den 22. Dezember 1916
Nachstehende Mitteilung ist durch die Presse verbreitet worden:

> Es wird nochmals darauf hingewiesen, dass in der Zeit
> vom 29. Dezember bis einschl. 2. Januar keine nicht-
> amtlichen Briefsendungen über 50 g nach dem Feld
> (Päckchen) angenommen werden. Im Weiteren ist

es mit Rücksicht auf die glatte Abwicklung des wichtigen Nachrichtenverkehrs nach dem Feld unbedingt erforderlich, dass der Austausch von Neujahrsglückwunschkarten zwischen Heimat und Heer unterbleibt.
Die Bevölkerung wird daher dringend gebeten, zum bevorstehenden Jahreswechsel von der Versendung solcher Glückwünsche an Angehörige, gute Freunde und Bekannte im Feld Abstand zu nehmen.
Für das Heer hat das Kriegsministerium den Austausch von Neujahrskarten mit den Angehörigen in der Heimat durch Erlass im Armee-Verordnungsblatt geregelt.

In Berlin war am 19. Oktober 1914 die Oberzensurstelle (OZ) bei der OHL eingerichtet worden. Sie verstand sich als ständiger Ausschuss in Zensurfragen des Stellvertretenden Generalstabs, Kriegsministeriums, Kriegspresseamts, Außenministeriums, Ministerium des Inneren, Reichskolonialamts, Reichsamts des Inneren, Reichsschatzamts und Reichsmarineamts. Ihr Leiter war bis zum Kriegsende Major von Ohlberg.

Nach erheblichen Differenzen und auch Missverständnissen zwischen Militär, Politik, staatlichen Einrichtungen und Presse in heiklen Zensurfragen, entstand Oktober 1915 ein Kriegspresseamt (KPRA), das intensiv die Zusammenarbeit mit der Presse pflegte, das positive Berichterstattungen empfahl und andere verbot, das anmahnte Informationen auszulassen und ausgewählte Nachrichten und Berichte grundsätzlich zensurpflichtig machte. Die Regelungen des Kriegspresseamts wurden per Draht an die Redaktionen der großen Zeitungen weitergeleitet.

Drei Mal wöchentlich tagte das Kriegspresseamt und unterschied grundsätzlich drei Arten von Informationen:

a) für die Presse zur Verwertung, b) vertrauliche Informationen für die Presse und c) nur für die Zensurbehörden bestimmt.

Zu b) gehörte auch die Information vom 3. März 1916: „Versorgung Groß-Berlins mit Kartoffeln ist knapp geworden. Wir hatten 1915 eine knappe Ernte."

 Beispielsweise mussten der Untergang der SMS Karlsruhe (1912 erbaut) am 4. November 1914 und die Rückkehr von 142 Überlebenden aus militärtaktischen Gründen geheim gehalten werden und noch im Juli darauf, riet man ab, vom Verlust des Marinekreuzers zu berichten. (Die Geheimhaltung über den Untergang der „Karlsruhe" und die Rückkehr der Überlebenden war so gelungen, dass die Royal Navy noch bis April 1915 nach dem deutschen Kreuzer suchte.)

Beispielsweise sollte der erste Weihnachtsfriede im Schützengraben an der Westfront verschwiegen werden:

> Die Veröffentlichung von Berichten über sog. Verbrüderungs-szenen zwischen Freund und Feind im Schützengraben ist unerwünscht. (Oberzensurstelle Nr. 38., 22.01.15)

Beispielsweise wurde die Teilnahme deutscher Friedens-Frauen am „Internationalen Frauenfriedenskongress in Haag" vom 28. bis 30. April 1915 nicht nur verboten, sondern auch jegliche Berichterstattung über den Kongress untersagt.

Beispielsweise sollte eine Notiz in der „Vossischen Zeitung" vom 6. Oktober 1915 über den Neubau der Zeppelin-Halle im Norden Berlins zwischen Dallgow und Staaken nicht weiter publiziert werden.

Beispielsweise musste der Aufruf des Internationalen Komitees vom Roten Kreuz an die kriegführenden Staaten vom Sommer 1916, von Vergeltungsmaßnahmen an Kriegsgefangene abzusehen, wegen schlechter Behandlung eigener Leute, von der Presse verschwiegen werden.

In der Pressebesprechung vom 22. September 1916 (Nr. 13583) erinnerte das Kriegsministerium daran, dass alle Nachrichten über Pferdebeschaffung, Pferdeaushebungen zu militärischen Zwecken zensurpflichtig sind.

Weiter:

Die Presse wird daran erinnert, dass alle Mitteilungen über Gefangenenbeschäftigung den Zensurstellen vorzulegen sind, die sie dem Kriegsministerium weitergeben.

Über die Zukunft von Elsass-Lothringen sollte nichts berichtet werden.

Es wird gebeten, dass die deutsche Presse über die in der politischen Verhältnisse Italiens wenig berichtet.

Vertrauliche Mitteilung vom Oberkommando i. d. Marken an alle Zeitungen:

Veröffentlichungen über heute Abend stattgefundene Ruhestörungen vor der Markthalle Invalidenstraße (Berlin) dürfen vor der amtlichen Aufklärung und entsprechender Mitteilung an die Presse nicht gemacht werden (2. II. 1916) Weitere Mitteilungen über den Vorfall in der Markthalle als die von WTB gegebene Meldung sind unzulässig. (Oberkommando i. d. M. 3. II. 1916)

WTB:

In der Markthalle an der Invaliden- und Ackerstraße wurde
heute beim Andrang des Publikums zum Schmalzverkauf ein
eiserner Ofen umgeworfen; Personen wurden dabei nicht ver-
letzt. Dieser Vorfall veranlaßte Gerüchte von Krawallen und
Waffengebrauch der Schutzmannschaft, welche jedoch vollständig unbegründet sind.

Oberzensurstelle Nr. 19271 (10. Februar 1917)

1. Mai 1917
Die Wirkung des deutschen U-Bootkrieges auf England
macht sich viel stärker und schneller bemerkbar, als wir zu
hoffen wagten. Es mehren sich die Meldungen, daß England
nur noch zwei Monate aushalten könne. Auch Agentenmel-
dungen, die wir nicht veröffentlichen dürfen, geben ein Bild
von Englands Nöten.

14. September 1917
Ein Beweis dafür, daß die amerikanischen Truppensendungen
nichts als amerikanischer Bluff sind, ist aus der Aeußerung
des amerikanischen Kriegsministers zu ersehen, daß es nicht
gelungen ist, die amerikanische Nationalgarde nach Frankreich zu bringen, da nicht genügend Schiffraum vorhanden
ist.

Und bis zum Schluss:

6. November, drei Tage vor der Revolution:
Alle Veröffentlichungen über Demonstrationen und Unruhen
sind zensurpflichtig. Auch die Besprechungen der Vorgänge
in Kiel unterliegen der Vorzensur. -

Vom Kriegspresseamt gingen alle „Presseberichte" schriftlich an die Stellvertretenden kommandierenden Generalkommandos im Kaiserreich, die jeweils eine eigene Presseabteilung mit großem Stab führten und von dort an die Polizeibehörden und Garnisonkommandos der kreisfreien Städte sowie an die Landräte der Kreise. Gemeinsam übten die Stellvertretenden Generalkommandos und die städtischen und staatlichen Behörden auf regionaler Ebene letztendlich die Zensur aus und nicht unmittelbar die Oberzensurstelle bzw. das Kriegspresseamt in Berlin verboten außerhalb der Reichshauptstadt Zeitungen, Bücher, Kriegspostkarten usw., denn dahin langte ihr Arm nicht. Die Zensur der Regionalpresse erfolgte vor Ort.

Zur Disziplinierung schufen sich die Zensoren eine abgestufte Skala von Sanktionen. Sie reichten von der telefonischen Rüge oder schriftlichen Verwarnung bis hin zum zeitweisen oder endgültigen Verbot von Zeitungen unter Berufung auf den „Belagerungszustand".

Nachdem in Berlin der „Vorwärts" bereits am 21. September 1914 befristet für drei Tage verboten worden war, erteilte General von Kessler dem sozialdemokratischen Blatt am 28. September 1914 ein unbefristetes Verbot. Durch Intervenieren der SPD-Parteiführung und durch Absage vom Klassenkampf der Schriftleitung, wurde das Verbot wieder aufgehoben. Vom Verbot wurden nacheinander ebenso betroffen die argrar-konservative „Deutsche Tageszeitung", das linksliberale „Berliner Tageblatt" (22.01.1918) und der unparteiisch-nationale „Berliner Lokal-Anzeiger".

Schon Ende 1915 erschien zur besseren Handhabe der Zensur vom Kriegspresseamt ein Nachschlagebuch (Presselexikon), das 1917 die dritte Neuauflage erfuhr.

In Deutschland wurde die Zensur als Vorzensur gehandhabt. In der alltäglichen Praxis mussten die Berliner Zeitungsmacher der Presseabteilung des Oberkommandos (Potsdamer Straße Nr. 22) ihre Artikel und Beiträge vor dem Druck zur Durchsicht und Geneh-

migung vorzeigen und Streichungen oder Korrekturen hinnehmen.
Nach dem Druck wurde die Ausgabe nochmals überprüft.

Dieses Bild wurde vom Stellvertretenden Generalstab IIIb Presse-Abteilung zur Veröffentlichung freigegeben. Belegabdrucke wurden eingereicht. Veröffentlichungen können ohne nochmalige Zensur erfolgen. Der mit dem Zensurstempel versehene Abdruck befindet sich in unserem Besitz.

Berliner Jllustrations-Gesellschaft m. b. H.

Berlin SW. 11, Königgrätzerstr. 62.

Copyright — Droits reservés — Alle Rechte vorbehalten.

Bildertexte ohne Gewähr.

Zensiert mit Zensurstempel

Die Presseabteilung erledigte die Vorprüfung aller zensurpflichtigen Telegramme, Zeitungsartikel, Fotos, Broschüren, Bücher, Korrespondenzen, Fachzeitschriften, Sport- und Vereinszeitungen. Zudem wurden täglich 6000-8000 Inserate durchgesehen und unzählige Kriegsbilder und Karten geprüft.

Eine besondere Behandlung erfuhren noch die Bücher und Zeitschriften, die nach dem Ausland gingen. Weiterhin mussten alle Durchgangstelegramme geprüft und auch die Telegramme, die aus dem neutralen Ausland an die großen Telegrafenbüros, wie Wolffs telegrafisches Büro und die Telegrafen-Union, gelangten.

Zensurpflichtig waren auch alle Vorträge militärischer und politischer Art. Dagegen unterlag die Zensur von Theateraufführungen und Büchern dem Berliner Polizeipräsidium.

Während in der Hauptregistratur beim Oberkommando vom Kriegsbeginn bis zum 1. Dezember 1916 überhaupt 140.000 Eingänge registriert worden sind, wies die Presseabteilung in ihrer Registratur allein 21.000 Eingänge auf und ihr Druckschriftenbüro zählte im Monatsdurchschnitt bis zu 11.000 Eingänge. Das waren zusammen also 318.000.

Ein spitzfindiges Wort für die Zensur fand der Ministerialdirektor Dr. Lewald, der in der Zensurdebatte des Reichstags am 18. Januar

1917 meinte, dass die Zensur gewissermaßen die Brotkarte der öffentlichen Meinung sei.

Doch dieses abverlangte Zensur-Credo bedeutete nicht das unausweichliche „Aus" bzw. das Ende für eine regionale sowie realistische Berichterstattung, sondern, dass die Fesseln durch das Militär enger gezogen wurden.
Bei übernommenen Kriegsartikeln, offiziellen Kommentaren bestanden trotzdem, wenn auch gering, Möglichkeiten zur eigenen Aussage. Wenn schon dem Sinngehalt nach nichts verändert werden durfte, so konnten, durch geschickte Platzierung der Beiträge, durch grafische Gestaltung von Überschriften, durch gesperrtes Drucken usw., Aussagen eine besondere Bedeutung verliehen werden oder umgekehrt, durch Diminuieren der Schriftgröße dem Leser das Lesen erschwert werden. Die Zeitungen konnten trotz der Zensurbestimmungen eine eigene Identität bewahren, wenn auch eine recht bescheidene.

Mitschuld an der verschärften Zensur hatten aus deutscher Sicht die „Kriegsfeinde Frankreich und England." Das Kriegspresseamt wies durch die tägliche Analyse ausländischer Zeitungen nach, dass insbesondere die englische Presse und der englische Nachrichtendienst ihre Informationen über die wirtschaftliche Lage in Deutschland immer mehr aus der regionalen Presse bezogen. Feindliche „Agenten" schauten nicht mehr auf die großen zentralen Blätter in Berlin, sondern auf die kleinen Ausgaben in Bayern, Thüringen, Sachsen, Mecklenburg oder Pommern.
Deshalb spielten die Ernährungsfragen bei der immer akuter werdenden Versorgung der deutschen Bevölkerung mit Lebensmitteln ab 1916 eine große Rolle. Nur von der örtlichen Presse durften Mitteilungen zu Versorgungsfragen publiziert werden. Angemahnt wurde die „ausgewogene Darstellung", Kritik in Maßen, ohne in Pessimismus zu verfallen. Unter Verbot fielen Nachrichten über Straßenkund-

gebungen, Unruhen und über Aufstandsbewegungen wegen der Ernährungsmittelknappheit.

Der Zensur unterlag auch die Versammlungsfreiheit. Versammlungen jeder Art mussten vom Veranstalter beim Polizeipräsidium angemeldet und genehmigt werden. Mitgliederwerbungen auf Veranstaltungen waren verboten. Den Militärangehörigen wurde die Teilnahme an politischen Veranstaltungen in der Heimat generell untersagt. Von Dezember 1917 bis Januar 1918 fanden in Preußen 8011 Versammlungen statt, von denen 99 verboten wurden.

Durch massive Einsprüche einiger deutscher Reichstagsabgeordnete gegen die militärische Zensur ab 1917 (Zensurdebatte), und insbesondere gegen die Verbote der Zeitungen, konnte der Deutsche Reichstag eine Milderung der Zensurbestimmungen erreichen, wozu erstmals ein Einspruchs- bzw. Widerspruchsrecht der betroffenen Verlage zählte.

Die Oberzensurstelle bei der OHL wurde am 16.10.1918 herausgelöst und dem Kriegsministerium (Obermilitärbefehlshaber) unterstellt. Für die Demobilmachung unterstand die Oberzensurstelle wieder dem Kriegspresseamt. Das Kriegspresseamt wurde im Rahmen der Demobilmachung am 15.05.1919 aufgelöst.

Viele deutsche Zeitungsverlage versendeten auf Bestellung ihre Ausgaben an die Soldaten an die Front. Eine Sonderbehandlung musste sich wiederum die sozialdemokratische Presse gefallen lassen, erst Anfang 1915 entschied sich die Militärleitung, das Verbot sozialdemokratischer Zeitungen beim Heer aufzuheben und die Feldpost beförderte dieselben seitdem an soldatische Leser.

Wie die Kriegszeitungen an der Front entstanden 1914-1918 im Kaiserreich zahlreich Betriebs-, Gemeinde- und Vereinszeitungen, ebenso der studentischen Korporationen, die den ausgezogenen Soldaten die Kommunikation mit der Heimat erhalten sollten.

Große Industriekonzerne wie die Deutsche Bank oder AEG edierten Kriegszeitungen für ihr Personal an der Front. Mit Kriegsbriefen ihrer ehemaligen Kollegen, mit Informationen über die Betriebstätigkeit u. a. stellten sie eine Brücke zur Heimat für die Soldaten her.

Ab dem 2. September 1914 bis 1918 erschien für die Berliner Soldaten und Offiziere die „Garde-Feld-Post", vom Stellvertretenden Generalkommando der Gardekorps erstellt, und wurde unentgeltlich an die Front zugestellt.

Briefzensurstelle für Gefangenenbriefe in orientalischen Sprachen zu Berlin

Oberkommando

Offiziere der Presseabteilung

Erster Dienstsitz des Oberkommandos in einem kleineren, hinteren Gebäude "Hinter dem Gießhaus 3"

Kriegsamt Viktoriastraße 24 und Potsdamer Str. 22 [13]

Gratis!   **Extra-Blatt.**   **Gratis!**

Berliner Tageblatt

und Handels-Zeitung.

Nr. 429a.   Dienstag, 25. August 1914.   43. Jahrgang.

Die Eroberung
von Namur!

Amtlich wird gemeldet: Von der Festung Namur sind fünf Forts und die Stadt in unserem Besitz. Vier Forts werden noch beschossen. Ihr Fall scheint in Kürze bevorzustehen. (W. T. B.)

Der Generalquartiermeister
v. Stein.

Berliner
Lokal-Anzeiger
politisch und wirtschaftlich unabhängig
GRÖSSTES
NACHRICHTENBLATT
ERFOLGREICHSTE
INSERTIONSORGAN
DEUTSCHLANDS

DER FLIEGER

Nr. 21.   Artillerie-Fliegerschule Ost.   29. April 1917.

Unsere erfolgreichsten Kampfflieger.

Wieder haben zwei jugendliche Ritter des Ordens „Pour le merite", der Oberleutnant Berr und der Leutnant d. Res. Frankl, im Luftkampfe den Tod gefunden. Aber ihr Geist, der Geist eines Bölcke, eines Wintgens, eines Immelmann, ist in der Fliegertruppe lebendig geblieben: Wir dürfen uns einer Fülle von Kampffliegern rühmen, die sich ihrer großen Vorbilder würdig erweisen.

Nachstehend eine Liste unserer erfolgreichsten Kampfflieger und ihrer siegreichen Luftkämpfe nach dem Stande vom 1. April: Rittmeister Freiherr v. Richthofen 31 (seitdem noch 16); Leutnant Voß 22 (seitdem noch 2); je 12: Leutnant Hoehndorf, Leutnant d. Res. Boehme, Oberleutnant Buddecke; je 9: Oberleutnant Berthold, Leutnant Dossenbach, Leutnant v. Buelow, Offizier-Stellvertr. Mueller (Hans); je 8: Oberleutnant Freiherr v. Althaus, Oberleutnant Schilling (Hans), Leutnant d. Res. Pfeiffer, Leutnant Berneri (seitdem noch 14), Leutnant Schaefer. Sieben Kampfflieger schossen je 6, sieben je 5 Flugzeuge ab.

Gefallene Kampfflieger: 1. Hauptmann Boelcke (40), 2. Leutnant Wintgens (18), 3. Leutnant Frankl (17), 4. Oberleutnant Immelmann (15), 5. Leutnant Baldamus (18), 6. Vizefeldwebel Manschott (12), 7. Oberleutnant Kirmaier (11), 8. Leutnant v. Keudell (11), 9. Oberleutnant Berr (10), 10. Leutnant Mulzer (10), 11. Leutnant d. Res. Theiller (10), 12. Leutnant Leffers (9), 13. Leutnant Parschau (8), 14. Leutnant Immelmann (6).

Der Kaiser hat dem Leutnant d. Res. Voß bei der Jagdstaffel Boelcke den Orden Pour le merite verliehen. Am 27. November 1916 brachte er seinen 1. und 2. Gegner brennend zum Absturz, am 25. Februar 1917 seinen 7. und 8., am 11. März setzte er seinen 14. Gegner außer Gefecht. Als ihm 14 Tage später das Ritterkreuz des Hohenzollernschen Hausordens im Namen des Kaisers ausgehändigt wurde, war die Zahl inzwischen auf 22 gestiegen. Binnen dreizehn Tagen hatte er 8 Flugzeuge des Gegners vernichtet. Seinen 24. Luftsieg errang er am 6. April.

Leutnant Voß ist erst im September 1916 Offizier geworden und trägt die Uniform des Husaren-Regiments 11. Der Fliegertruppe gehört er seit dem 1. August 1915 an; das Flugzeugführer-Abzeichen erwarb er sich im Mai 1916. —

Der Geist der Toten aber lebt in der Fliegertruppe weiter.

Sie und ihre Kameraden am Werk haben nicht umsonst gekämpft: unsern Erfolgen steht der feindliche Verlust von 161 Flugzeugen und 19 Fesselballons gegenüber, davon sind 99 jenseits, 62 diesseits der deutschen Linie abgeschossen. Die Überlegenheit in der Luft ist bei uns!

Kampfflieger Leutnant Werner Voß.
Ritter des Ordens „Pour le Mérite".

Die sechste Kriegsanleihe.

Das Ergebnis der 6. Kriegsanleihe beträgt nach den bis jetzt vorliegenden Meldungen 12,770 Milliarden Mark. Die Zeichnungen der Feldtruppen sind in dieser Summe nur zum Teil enthalten. Damit ist das Ergebnis der bisher erfolgreichsten 3. Kriegsanleihe um 700 Millionen Mark übertroffen.

Bei der 8. Armee wurden gezeichnet:

1 Division (6370 Sparer auf Sparkarten)	82 000,—	Mk.
540 Mann zeichneten	420 000,—	„
1 Landsturm-Regiment	140 000,—	„
1 Kompagnie (109 Zeichner und Sparer)	34 000,—	„
1 Proviantkolonne zeichnete und zahlte	32 900,—	„

Bei einem Bataillon zeichneten und zahlten 865 Mann

Bei einer Sanitätskompagnie zeichneten sämtliche Offiziere und Mannschaften, 230 Köpfe

Ebenso bei einem Schallmeßtrupp, 100 Köpfe

1 Kompagnie (113 Zeichner)	92 000,—	Mk.
Im Bezirk einer Etappenkommandantur	77 800,—	„
1 Fuhrparkkolonne	12 000,—	„
1 Division bis 4. April	829 700,—	„

Im Befehlsbereich eines Kommandeurs der Kraftfahrtruppen:

1 Kraftwg.-Park, 548 Köpfe, es zeichneten 495 Mann	84 500,—	„
1 Kraftwg.-Kol., 60 Köpfe, es zeichneten 60 Mann	24 300,—	„
1 Kraftwg.-Kol., 60 Köpfe, es zeichneten 60 Mann	12 000,—	„
1 San.-Kraftwg.-Abt., 275 Köpfe, es zeichn. 188 Mann	16 323,—	„

Der Schützengraben

Noch ohne Schmuck und Zier kommt heut' »Der
   Schützengraben«,
Im einfachsten Gewand, so wie wirs fertig haben.
Nicht anders, als im Feld er draussen auch ersteht,
Wo Sicherheit und Schutz vor allem andern geht,
Zierrat uud Blumenbeet und Schmuck in Unter-
   ständen
Erwachsen ueber Nacht dann kunstverstændigen
   Hænden.

Fehlt heut auch noch der Kopf an unserem
   »Schuetzengraben«
Geduld, er wæchst uns schon, Ihr werdet Freud'
   dran haben.
Vorerst ist da das Herz und allerbester Wille,
Helft Ihr erst alle mit, wird bald das Schelten stille,
Und dem, der dennoch fragt, warum wir jetzt
   schon kommen,   [frommen.
Nun: Fræhliches »Greif zu« tat stets am meisten

**Armeezeitung
der Westfront**

Anhang

1. Anmerkungen

02 Auf zum Militär

1) Winter, Wilhelm: Der Weltkrieg und die Leibesübungen: freie Bahn für deutsches Turnen, Spiel und ..., 1916, S. 1.

2) Wehrpflicht:

Jeder männliche Deutsche war vom vollendeten 17. bis zum vollendeten 45. Lebensjahr wehrpflichtig und konnte vom 20. bis zum 39. Lebensjahr zum Dienst im Heer und in der Marine herangezogen werden. Die Dienstpflicht teilte sich in:

1. aktive Dienstpflicht (2 Jahre, aber bei Kavallerie, reitende Artillerie und Marine 3 Jahre),

2. danach Übernahme in die Reservepflicht (5 bzw. 4 Jahre),

3. Landwehrpflicht, ebenso Seewehrpflicht (3-5 Jahre),

4. Ersatzreservepflicht (12 Jahre).

Nach den Reservepflichtjahren erfolgte der Übergang zur Landwehr/Landsturm.

3) Vgl. Reichskanzler Dr. von Bethmann Hollweg auf der 133. Sitzung am 7. April 1913. Hauptgründe waren nicht ausreichende Unterkünfte (Kasernen) und fehlende Ausbilder (Unteroffiziere).

Am 5. Mai 1914 informierte der Kriegsminister im Reichstag, dass im Jahr 1913 aus verschiedensten Gründen 38.000 als dienstfähig gemusterte junge Männer nicht einberufen werden konnten und somit nicht ausgebildet sind. Die Anzahl entsprach etwa der Größe eines Armeekorps. In: Der Weltkrieg 1914 bis 1918. Bearb. im Reichsarchiv Potsdam: Kriegsrüstung und Kriegswirtschaft, Berlin 1930, Teil 1: S. 193.

4) Simons, E. M.: Drei Monate Regimentsarzt im Ostheere. 1915, S. 15. S. 6.

5) Gnadenerlasse wurden mehrmals vom Kaiser, den königlichen Regierungen und den Reichsstädten erlassen.

03 Wehrbeitrag

1) Kaempf, J.: „Rückblick auf das Wirtschaftsjahr 1913". In: Vossische Zeitung vom 23. Dezember 1913.

2) Siehe Reichstagprotokolle, 1912/14,7, S. 4698.

Der linksliberale Politiker Georg Gothein (1857-1940) war Reichstagsabgeordneter für den Wahlkreis Greifswald-Grimmen und in den Wahlperioden häufig Reichstagssprecher der Freisinnigen Vereinigung und später der Fortschrittspartei. Er trat vor dem Krieg als entschlossener Friedenspolitiker auf, bekämpfte die Flotten- und Hochrüstungspolitik und blieb auch in der Kriegszeit ein Realpolitiker mit „Format".

3) Stralsunder Volkszeitung: Bericht des Bezirksvorstandes nebst Kassenberichten der Provinz Pommern. 2. Beilage zu Nr. 133 des Volksboten vom 11. Juni 1914.

4) ebenda

5) Heeresvermehrung: Bis zum Jahr 1915 sollte eine Sollstärke von 32.000 Offizieren, 110.000 Unteroffizieren und 661.478 an Mannschaften (Gemeine, Gefreite und Obergefreite), zu denen noch 16850 Einjährig-Freiwillige hinzutraten, erreicht werden.

Die etatmäßige Friedensstärke betrug im ersten Halbjahr 1914 800.646 Mann, inbegriffen Offiziere, Unteroffiziere und Einjährig-Freiwillige. Deutschland besaß vor Ausbruch des Krieges die drittstärkste Armee in Europa. Die Kriegsstärke erreichte dann ab August-Monat 1914 mit der Mobilisierung rund 3,8 Millionen Mann, davon 2,4 Millionen im mobilen Feldheer.

6) Die Fliegerei war zunächst Sport und Abenteuer. Als eines der ersten Flugzeugbau-Unternehmen entstand 1908 die Luft-Fahrzeug-Gesellschaft m.b.H. in Reinickendorf bei Berlin, die aber zunächst noch Luftschiffe vom Typ Parseval baute und ein Jahr später auf den Flugzeugbau umstieg. Ab 1912 wurde die Marke „Roland" produziert.

Wie zu Wasser schritt Europa auch in der Luft zu neuen militärischen Strategien. Frankreich, England und Deutschland bereiteten sich auf verschiedenen Wegen auf einen strategischen Luftkrieg vor. Deutschland hatte 1913/14 eine neue Kampfeinheit und Formation

entwickelt: die Luftstreitkräfte mit gelenkten Luftschiffen (Zeppeline) und Motorflugzeugen (Luftschiffertruppe und Fliegertruppe).
 Auch die Marine nahm sich der Fliegerei an. Flugzeuge konnten mit Aufklärungsflügen und direkten Kampfeinsätzen die Kampfschiffe auf dem Wasser unterstützen, insbesondere mit ihrer Start- und Landefähigkeit auf dem Wasser und daran wurde seit 1911 von Technikern und Konstrukteuren intensiv gearbeitet. Kaiser Wilhelm II. befahl per 01. Juni 1913 die Aufstellung einer Marineluftschiff- und Marinefliegerabteilung. Eine Marine-Luftschifferabteilungen entstand in den Flugzeugwerken Johannisthal bei Berlin und eine Marine-Fliegerabteilung bezog den Standort Putzig bei Danzig.
7) Deutschlandweit wurde der Termin der Abgabe der Steuererklärungen nicht eingehalten, so dass der Abschluss der Veranlagung bis Ende April verlängert wurde.
8) Eichsfelder Tageblatt Nr. 122 vom Mai 1914.

04 Drohender Kriegszustand

1) Wolff, Theodor: Vollendete Tatsachen 1914-1917, Berlin 1918, S. 81.
2) Jastrow, Ignaz: Im Kriegszustand: die Umformung des öffentlichen Lebens in der ersten Kriegswoche, Berlin 1914. S. 6.
3) Aufgrund der verfassungsrechtlichen Sonderstellung des Königreichs Bayern im Deutschen Kaiserreich, nach Preußen zweitgrößter Teilstaat Deutschlands, war es dem bayrischen König überlassen, die drohende Kriegsgefahr anzuordnen. Gegen 17.30 Uhr machte sich in der Münchner Residenz ein Tambourzug auf den Weg durch die Innenstadt und ein Offizier verkündete mehrfach die fast wortgleiche Ankündigung des bayerischen Monarchen König Ludwig III. Stürmische Begeisterung war die von Beobachtern registrierte vorwiegende Reaktion.
4) Armeekorps waren im Frieden die größte militärische Einheit im Heeresverband. Die deutsche Armee bestand in Friedenszeiten aus 25 Armeekorps (Bayern 3, Württemberg 1, Baden 1, Sachsen 2, Preußen und seine Bundesstaaten. Ein Armeekorps etwa 40000 Mann.

5) Die Bekanntmachung vom Kriegszustand erfolgte nach § 3 des Gesetzes über den Belagerungszustand von 1851 durch Anschlag, Ausklingeln und in Garnisonsstädten zusätzlich mit einem militärischen Zeremoniell durch einen Offizier mit „Trommelschlag und Trompetenschall" und etwa mit folgendem Wortlaut: „Durch Kaiserliche Anordnung ist der Bezirk des Armeekorps in Kriegszustand erklärt. Die vollziehende Gewalt innerhalb des Korpsbezirks geht infolgedessen an mich über. Die Zivilverwaltungen und Gemeindebehörden verbleiben in ihrem Amte, haben aber meinen Anordnungen und Aufträgen Folge zu leisten."
6) Berliner Lokal-Anzeiger v. 31. Juli 1914 (Extrablatt).

05 Mobilmachung

1) Haeckel, Ernst: Englands Blutschuld am Weltkriege. Eisenach 1914. S. 3.
2) Jastrow, Ignaz: Im Kriegszustand: die Umformung des öffentlichen Lebens in der ersten Kriegswoche, Berlin 1914. S. 63.
3) Die Auslösung der Mobilmachung war Aufgabe des Kriegsministeriums. Als erstes informierten 53 Telegramme die General- und Garnisonskommandos der Armeekorps. Von dort erhielten alle Telegrafenstationen den Mobilmachungsbefehl.
4) Kaiserrede: Frankfurter Zeitung v. 2. August 1914 u. Röhl: Wilhelm II., S. 1178.
5) Jastrow, Ignaz: Im Kriegszustand: die Umformung des öffentlichen Lebens in der ersten Kriegswoche, Berlin 1914. S. 86.
6) Meerheimb, Henriette: Ich gab mein Leben. Roman aus dem Jahre 1914. Dresden 1916. S. 135.
7) Kaiserrede.
9) Jastrow, Ignaz: Im Kriegszustand: die Umformung des öffentlichen Lebens in der ersten Kriegswoche, Berlin 1914. S. 64 ff.
9) Schicht, Arthur: Ein Held der Garde: meines Neffen Kriegstagebuch und Briefe aus dem Feld. 1917. S. 5.
10) Düwell, Wilhelm: Vom inneren Gesicht des Krieges Beiträge zur Psychologie und ..., 1917. S. 38.
11) Bötticher, Kerstin: Landesarchiv Berlin: F Rep. 260-01, Nr. A

0313, Textplakat im I. Weltkrieg betr. Grußadresse des Magistrats an die Bürger Berlins insbesondere an die Männer Berlins, die in den gerade begonnenen Weltkrieg ziehen.

06 Aufmarsch und Militärfahrplan

1) Arndt, Walter: Die Trommel schlug zum Streite historische Erzählung aus dem Kriegsjahr 1914, S. 95.

2) Der deutsche Kriegsplan, der berühmt-berüchtigte Schlieffenplan, setzte auf eine Blitzkrieg gegen Frankreich mit einem vorherigen Durchmarsch durch Belgien. Ein konkreter Ostaufmarschplan war bereits 1913 fallen gelassen worden, da mit einer Zeit von 4 Wochen für den russischen Aufmarsch gerechnet wurde.

3) Die Grundlage für die militärische Nutzung der Eisenbahnen bildete das Gesetz über die Kriegsleistungen vom 13. Juni 1873. Für die militärische Nutzung war das deutsche Eisenbahnnetz in Liniengebiete eingeteilt, in denen Linienkommandanturen die notwenige Kommunikation mit der zivilen Eisbahnverwaltung herstellten. Die Linienkommandantur S beispielsweise stationierte in Saarbrücken.

4) Meerheimb, Henriette: Ich gab mein Leben. Roman aus dem Jahre 1914, Dresden 1916. S. 6.

5) Das Wort Etappe wurde in der napoleonischen Zeit ins Deutsche übernommen und findet sich noch im Deutschen als stapeln wieder: Ein Stapelplatz für Kriegsausrüstung aller Art im Rücken der Front. Im ersten Weltkrieg wurde aus diesem Stapelplatz eine ganze Verbindungszone zwischen kämpfender Truppe und Heimat. In der Etappe lagen die wichtigen Frontlazarette, Pferdelazarette, Genesungsheime sowie auch die Freizeiteinrichtungen für Truppen. Die Verpflegungsvorräte, Feldpost und die Liebesgaben aus der Heimat gelangten mit Eisenbahnzügen oder Schiffen in die Etappengebiete. Die bürokratische Organisation der Etappe unterlag der Etappeninspektion, an deren Spitze ein General stand, der über einen Stab von Mitarbeitern verfügte. Dieser war für die Organisation der Verpflegung und des Verkehrs zuständig sowie im Besatzungsgebiet für den Umgang mit der zivilen Bevölkerung und den Verwaltungsbehörden.

6) Ahnert, Kurt: Fröhliche Heerfahrt! 600 lustige Aufschriften an Eisenbahnwagen. Nürnberg 1914, S. 60 ff.

7) Der Weltkrieg in Bildern und Dokumenten. Berlin 1915, S. 142.

8) Niederschrift der Besprechung über die Errichtung der Kriegswirtschaftsämter. Vertraulich. Gedruckt in der Reichsdruckerei. Berlin 1917, S. 17.

07 Frauen

1) Berliner Börsen-Zeitung vom 10. Oktober 1914.

2) Nachrichtenblatt der Deutschen Bank: ihren zum Kriegsdienst einberufenen Beamten gewidmet. Nr. 3, 1914.3) ebenda Nr. 1, 1914, S. 4.

4) Berliner Börsen-Zeitung 12. September 1914.

5) Landesarchiv Greifswald: Rep. 65 c Stralsund. Unterstützung hilfsbedürftiger Soldatenfamilien desgl. Betr. bes. Die Arbeitsunlust der Kriegerfrauen auf dem Lande (1914-1917). Nr. 2858. Bl. 105.

6) ebenda. Bl. 31 RS.

7) Berliner Börsen-Zeitung vom 15. Oktober 1914.

8) ebenda 15.10 1914.

9) Deutsche Soldaten-Zeitung Nr. 29, 1915, S. 10.

10) Nachrichtenblatt der Deutschen Bank: ihren zum Kriegsdienst einberufenen Beamten gewidmet. Nr. 27, 1915.

11) Berliner Börsen-Zeitung vom 18. Oktober 1914.

12) Deutsche Soldaten-Zeitung Nr. 1, 1915, S. 2.

13) Berliner Börsen-Zeitung vom 18. Oktober 1914.

14) Die innere Front - Das Königliche Polizei-Präsidium Berlin. S. 64.

15) ebenda.

16) Deutsche Soldaten-Zeitung Nr. 9 1915, S. 8.

17) Kriegshinterbliebenenfürsorge in Preußen : Ergebnis einer Umfrage bei den amtlichen Fürsorgestellen. Berlin 1919. S. 48.

18) ebenda S. 52.

19) Die Frauenarbeit in der Metallindustrie während des Krieges: dargestellt nach Erhebungen im August-September 1916. S. 27.

20) ebenda S. 26.

21 Veröffentlichungen auf dem Gebiete der Medizinalverwaltung.10. Band, Berlin 1920. S.521-522.

22 Angaben nach der „Volkszählung vom 5.12.1917-Streng geheim."

23) Rotheit, Rudolf: Kernworte des Weltkrieges, Ullstein Berlin u. Wien 1916. S. 185.

24) ebenda S. 186.

25) Demminer Tageblatt vom 2. Juli 1919.

26) Der Beitrag von Dr. Alice Salomon (1872-1948), der liberalen Sozialreformerin in der deutschen Frauenbewegung, unter dem Titel: Nationaler Frauendienst, ist in „Deutscher März", Zweite Liebesgabe deutscher Hochschulschüler, Cassel 1915, S. 129-133, publiziert.

08 Ostpreußische Flüchtlinge

1) „Verzeichnis der von den Russen verschleppten ostpreußischen ...: (aufgestellt vom Russischen Roten Kreuz in Petersburg, S. 14-14,1915.

2) Staatsarchiv Krakau: Akte: „Verhalten von Privatpersonen anlässlich des feindlichen Einbruchs". Signatur: 42/1576/0/1.4/38 S. 291.

3) Hellermann, Fritz: Die Geschichte des Weltkriegs auf den Schlachtfeldern Frankreichs, von Lüttich bis Antwerpen, zum Kanal, von Tannenberg bis Warschau, im Orient und über den Meeren. Königsberg 1914. S. 26.

4) Häring, Oskar: Ein Held der Garde. Altenburg 1917. S. 13.

5) Hurtzig, Paul: Kelch, Schwert und Kreuz in der Ostmark. Kriegseindrücke aus Ostpreußen. Schwerin 1916. S. 5.

6) Der Regierungsbezirk Frankfurt a. O. aus der Provinz Brandenburg mit den Kreisen Arnswalde, Friedeberg, Soldin und Landsberg nahm 25000 Flüchtlinge in Obhut.

7) Berliner Börsen-Zeitung vom 12.10.1914.

8) Bericht des Abgeordneten Fuhrmann über die Besichtigungsrei-

se von Mitgliedern des Abgeordnetenhauses durch Ostpreußen vom 25. bis 30. August 1915.

9) Rotheit, Rudolf: Kernworte des Weltkrieges, Ullstein Berlin u. Wien 1916. S. 191.

09 Zeitung im Krieg

1) Nachschlagebuch für die Pressezensur. Herausgegeben von der Oberzensurstelle des Kriegpresseamts. Dritte Auflage. Abgeschlossen am 1. August 1917. Berlin, 1917. S. 129.

2) Bücher, Karl: Unsere Sache und die Tagespresse, Tübingen 1915, S. 50.

3) Ernst Lissauer kam am 16. Dezember 1882 als Sohn eines Fabrikanten in Berlin zur Welt und verstarb 10. Dezember 1937 in Wien. Er studierte Literaturgeschichte an den Universitäten Leipzig und München und wirkte in Berlin als Literaturkritiker und freier Schriftsteller.

4) Bücher, Karl: Unsere Sache und die Tagespresse, Tübingen 1915.

5) Jarmener Zeitung vom 7. Juli 1917.

6) Die Feder 1914 S. 3908.

7) Stümcke, Heinrich: Theater und Krieg. Oldenburg und Leipzig 1915 S. 3.

8) Sammlung der Vorschriften über den Verkehr mit Druckpapier, Druckfarbe und Papier, Karton und Pappe. Herausgegeben von der Kriegswirtschaftsstelle für das deutsche Zeitungsgewerbe. Bd. 2, Berlin 1917. S.30.

9) Gustav von Kessel wurde am 6. April 1846 in Potsdam geboren, 1865 zum Leutnant befördert, er besuchte die Kriegsakademie und nahm am Krieg 1870/71 teil. Danach u. a. Kommandeur der Schlossgardekompanie, 1889 zum Oberstleutnant, 1891 zum Oberst befördert, 1897 Kommandeur der 1. Garde-Infanteriebrigade und wurde Kommandant zu Potsdam. 1893 übernahm er die 2. Garde-Infanteriedivision. 1911 wurde v. Kessel zum Generaloberst befördert und übernahm 1914 den Oberbefehl in den Marken (über die

Garde- und Armeekorps). Nach seinem Tod 1918 ab 1. Juni 1918 Alexander von Linsingen den Oberbefehl.

10) „Wolffs Telegraphisches Bureau" (W.T.B.), gegründet 1849 von Dr. Bernhard Wolff (1811-1879), dem damaligen Besitzer der „Bank-, Börsen- und Handelszeitung" und der „National-Zeitung" in Berlin. Das Nachrichtenbüro bediente auch die skandinavische Presse, dazu Russland und die deutschen Kolonien. Wolff unterhielt schon vor dem Krieg in Deutschland etwa 40 Filialen und hatte rund 2000 Zeitungsabonnenten; aber er hatte von jeher auch viele Privatkunden und versorgt die Ministerien und Höfe. Im Ersten Weltkrieg wurde das „W. T. B." die Medienzentrale der Regierung und der Obersten Heeresleitung.

10) Die folgende Zitate stammen aus dem Nachschlagebuch für die Pressezensur, Berlin 1917.

11) Landesarchiv Greifswald: Rep. 60/ Oberpräsident Sammlung der Briefe u. Tagebücher aus Kriegszeiten 1911-1916, Bl. 88.

12) Bericht des Kriegsausschuss(es) für pflanzliche und tierische Öl und Fette 1915, S. 82.

13) Kriegsamt: Sonderabteilung im Oberkommando, die sich mit der Überwachung der Kriegsrohstoffe für das Heer beschäftigte.

2. Abbildungsverzeichnis:

Umschlag:
Historische Postkarte 1914: Berlin-Brandenburger Tor (Besitz Haff-Verlag)
Säulenanschlag Mobilmachung: Großer Bilderatlas des Weltkrieges. Erster Band. München. 1915, S. 19.
Berlin-Weissensee-Vorbeimarsch der neuen Garnison: Historische Postkarte 1915. (Besitz Haff-Verlag).
Käthe Kollwitz: Pietà (Mutter mit totem Sohn), 1937-39. Leopold Museuem Wien. (Foto Haff-Verlag).

02 Auf zum Militär
1 Verdun 1916: Großer Bilderatlas des Weltkrieges. Band 3. München 1919.
2 Somme: ebenda.
3 Bötticher, Kerstin: Der Erste Weltkrieg in Dokumenten - Eine Quellensammlung des Landesarchivs Berlin. Berlin 2017/2018. (PDF). F Rep. 290-01 Nr. 0282915.
4 Historische Postkarte. Archiv Haff-Verlag.
5 Ehrenbezeichnung: Großer Bilderatlas des Weltkrieges. Zweiter Band. München 1916. S. 395.
6 Rekruten im Quartier: ebenda.
7 Turnstunde an der Front: Stettiner illustrierte Kriegs-Zeitung Großer Bilderatlas des Weltkrieges. Erster Band. München 1915. S.12.
8 Wettkämpfe in der Etappe: Anno dazumal in der Champagne. Großer Bilderatlas des Weltkrieges. Erster Band. München 1916. S. 45.

03 Wehrbeitrag
1 Friedrich Ebert: Das Leben im Bild. Nr. 8 1919.
2 Friedrich Haase: ebenda S,
3 Eduard Bernstein: ebenda S.
4 Deutschlands Kriegsflotte 1915: Historische Postkarte, Archiv Haff-Verlag.

5 Ballonhüllen-Gesellschaft: Taschenbuch der Luftflotten, 2. Jahrgang, Berlin 1915, S.
6 Flugplatz Berlin-Johannistal: Stettiner Illustrierte Zeitung 1916. S. 87.
7 Historische Postkarte: Sparkasse Berlin und Mühlendamm: Archiv Haff-Verlag.
8 Buch „Wehrbeitrag" (Titelblatt): Staatsbibliothek Berlin.
9 Plakatwerbung Kriegsanleihe: Archiv Haff-Verlag.
10 Kriegsanleihe an der Front: Das Leben im Bild 1918. S. 53.

04 Kriegszustand

1 Erzherzog Franz Ferdinand und Gattin vor dem Rathaus in Sarajevo: Großer Bilderatlas des Weltkrieges. Erster Band. München. 1915, S. 1.
2 Chef des Generalstabs von Moltke: ebenda S.3.
3 Reichskanzler Bethmann von Hollweg: ebenda S. 3.
4 Verkündung des Kriegszustandes: ebenda S. 8.

05 Mobilmachung

1 Bekanntmachung - Mobilmachung befohlen: GPPN72960327X.
2 Kriegstrauung Prinz Oskar von Preußen mit Gräfin Ina Marie von Bassewitz: Der Weltkrieg in Bildern und Dokumenten. Berlin 1915, S. 93.
3 Extraausgabe „Vorwärts" vom 4. August 1914: Staatsbibliothek Berlin.
4 Bildnis Kaiser Wilhelm II.: Archiv Haff-Verlag.
5 Unter den Linden am 1. Mobilmachungstag: Großer Bilderatlas des Weltkrieges. Erster Band. München 1915, S. 7.
6 Aufruf an das deutsche Volk: ebenda S. 3.
7 Einkleidung der Reservisten: ebenda S. 130.
8 Abschied der Reservisten: ebenda. S. 131.
9 Verwundet. Wochenendbeilage-Parole. 1916. S. 126.
10 Kriegsweihnachten: Zeitbilder - bunte Wochenendbeilage der „Parole" 1916. S. 193.
11 Aushang der Verlustlisten an der Berliner Kriegsakademie: Großer Bilderatlas des Weltkrieges. Erster Band. München 1915,

S. 131.

12 "Er fiel auf dem Feld der Ehre", aus einem Gemälde
von H. Treiber:

13 Aus einem Kriegsgefangenenlager in Südafrika: Stettiner Illustrierte Zeitung 1915. S. 259.

06 Aufmarsch und Militärfahrplan

1 Reisegepäck der Touristen: Großer Bilderatlas des Weltkrieges.
Erster Band. München 1915. S. 12.

2 Generalmajor Gröner - Chef des Feldeisenbahnwesens: Großer
Bilderatlas des Weltkrieges. Zweiter Band. München 1916. S. 384.

3 Ahnert, Kurt: Fröhliche Heerfahrt! 600 lustige Aufschriften an
Eisenbahnwagen. Nürnberg 1914, S. 43.

4 Nach Paris: ebenda S.77.

5 Nach St. Petersburg: S. 111.

4 Badezug: Großer Bilderatlas des Weltkrieges. Band 3. München
1919. S. 168.

5 Wasserwagen des Badezugs: ebenda.

6 Badewagen von außen: ebenda.

7 Badewagen von innen: ebenda.

07 Frauen

1 Frauenarbeit in einer Militärkonservenfabrik: Hamburger Fremdenblatt: Beilage - Welt im Bild. 1918. S. 11.

2 Zwiebelschneiden: ebenda.

3 Ablieferung von Frauenhaar: Großer Bilderatlas des Weltkrieges.
Band 3. München 1919. S. 382.

4 Näh- und Strickstube: Großer Bilderatlas des Weltkrieges. Erster
Band. München 1915. S. 140.

5 Frauen beim Lackieren von Flugzeugtragflächen: ebenda.

6 Liebesgaben des Mütterbundes: Großer Bilderatlas des Weltkrieges. Erster Band. München 1915. S. 140.

7 Massenspeisung: Großer Bilderatlas des Weltkrieges. Zweiter
Band. München 1916. S. 391.

8 Die erste Berliner Rektorin an einer städtischen Schule: Frau
Görge, Leiterin an einer Mädchen-Mittelschule: Stettiner illustri-

erte Zeitung 1916. S. 348.

9 Die erste türkische Studentin in Deutschland. Emineh Nuri Hanum, Tochter eines türkischen Großkaufmanns, weilt zum pädagogischen Studium in Berlin. ebenda.

10 Abdrehen der Granaten: Hamburger Fremdenblatt: Beilage - Welt im Bild. 1915, S. 223.

11 Schleifen: ebenda.

12 Wiegen: ebenda.

13 Endprüfung: ebenda.

14 Straßenbahnschaffnerin: Großer Bilderatlas des Weltkrieges. Erster Band. München 1915, S. 139.

15 Bahnsteigschaffnerin: ebenda, S. 139.

16 Lesehalle: ebenda, S. 139.

17 Rote Kreuz Sammlung: ebenda, S. 140.

18 Müllabfuhr: ebenda, S. 139.

19 Fensterputzerinnen: ebenda.

20 Schleifen von Bahnschienen: ebenda.

21 Beim Straßenbau: ebenda.

08 Ostpreußische Flüchtlinge

1 Auf der Flucht: Großer Bilderatlas des Weltkrieges. Erster Band. München 1915. S. 216.

2 Rennenkampf: ebenda, S. 222.

3 v. Moltke: ebenda S. 3.

4 Hindenburg: ebenda S. 3.

5 Flüchtlingskonne: ebenda, S. 216.

6 Vogelschaukarte Ostpreußen: ebenda, S. 216.

7 Unterkunft in Bahnwagen: ebenda, S. 216.

8 Flüchtlingsrast: Großer Bilderatlas des Weltkrieges. Erster Band. München. 1915, S. 216.

9 Lager im Freien: ebenda, S. 216.

10 Kleidersammlung: ebenda, S. 42.

11 Verteilung von Lebensmitteln: ebenda, S. 42.

12 Barackenlager in der Fröbelstraße: ebenda, S. 42.

13 Schlafsaal: ebenda, S. 42.

14 Kaiserin und Kronprinzessin in Allenburg:ebenda, S. 279.

16 Begrüßung der Kaiserin durch Bauern: ebenda, S. 279.

17 Ostpreußenreise des Hauptausschusses des preußischen Abgeordnetenhauses: ebenda, S. 280.

10 Zeitungen

1 von Kessel: Die innere Front - Das Oberkommando in den Marken. Berlin 1917. S. 8 f.

2 Wolffs telegraphisches Büro: Archiv Haff-Verlag.

3 Seine Exz. der württembergische Kriegsminister von Marchthaler begeht dieser Tage das zehnjährige Jubiläum seiner Amtszeit. 1916. Rückseite. PPN: https://content.staatsbibliothek-berlin.de/dc/PPN766583996.mets.xml.

4 Briefzensurstelle für Gefangenenbriefe in orientalischen Sprachen zu Berlin: Stettiner illustrierte Zeitung 1916. S. 348.

5 Oberkommando: Die innere Front - Das Oberkommando in den Marken. Berlin 1917. S. 36 f.

6 Offiziere der Presseabteilung: ebenda S. 40 f.

7 Erster Dienstsitz des Oberkommandos in einem kleineren, hinteren Gebäude "Hinter dem Gießhaus 3": ebenda S. 44 f.

8 Kriegsamt Viktoriastraße 24 und Potsdamer Str. 22: ebenda S. 48 f.

9 Berliner Tageblatt: Staatsbibliothek Berlin.

10 Titelblatt Berliner Lokal-Anzeiger: ebenda.

11 Feldzeitung „Der Flieger": Großer Bilderatlas des Weltkrieges. Dritter Band. München 1919. S. 177

12 Feldzeitung „Der Schützengraben": ebenda.

13 Feldzeitung „Der Schützengraben": ebenda.

14 Feldzeitung „Armeezeitung": ebenda.

Literatur:

Baudis, Dieter: Vom „Schweinemord" zum „Kohlrübenwinter" - Streiflichter zur Entwicklung der Lebensverhältnisse in Berlin im ersten Weltkrieg (August 1914 bis Frühjahr 1917). In: Jahrbuch für Wirtschaftsgeschichte 27 (1986). Sonderband zur Wirtschafts- und Sozialgeschichte Berlins …S. 129-159.

Berliner Volks-Zeitung 1914-1918.

Berliner Börsen-Zeitung 1914-1918.

Berliner Lokal-Anzeiger 1914-1918.

Berliner Tageblatt und Handels-Zeitung. 1914-1918.

Bericht über die Kriegsfürsorge der Gemeinde Berlin-Friedenau für die Zeit vom 1. August bis 31. Oktober 1914

Bericht über die Tätigkeit der Zentralstelle für Vaterländische Hilfe zu Berlin-Friedenau. Berlin 1914.

Binding, Rudolf G.: Aus dem Krieg. Rütten & Loening, Frankfurt a. Main 1925.

Bötticher, Kerstin: Der Erste Weltkrieg in Dokumenten - Eine Quellensammlung des Landesarchivs Berlin. Berlin 2017/2018. (PDF).

Die Feder. 1914-1917.

Die Frauenarbeit in der Metallindustrie während des Krieges: dargestellt nach Erhebungen im August-Dezember 1916 vom Vorstand des deutschen Metallarbeiter-Verbandes, Stuttgart 1917.

Die innere Front - Das Oberkommando in den Marken. Berlin 1917.

Die innere Front - Das Königliche Polizei-Präsidium Berlin. Berlin 1917.

Die Vereinigung der Wohltätigkeitsbestrebungen in Charlottenburg, ihre Aufgaben, ihre Tätigkeit und ihre Kriegsarbeit im Jahr 1916.

Duncker, Dora: Berlin im Kriege : Großstadtskizzen aus dem Kriegsjahr 1914/15

Düwell, Wilhelm: Vom inneren Gesicht des Krieges. Beiträge

zur Psychologie und Soziologie des Krieges, Jena 1917.

Bericht der Feldspende des Ullstein-Personals. 1914 FF.

Deutscher Landwirtschaftsrat: Übersicht über die amtlichen Maßnahmen während des Krieges die für Landwirtschaft, Volksernährung und Verpflegung von Heer und Marine besonderes Interesse haben. Berlin 1914.

Garde-Feld-Post, Berlin 1914-1918.

Goerz-Beuerle, Bruno: Vierzehn Allerhöchste Gnadenerlasse nebst Ausführungsbestimmungen: mit einer Anzahl Musterbeispielen zu Straflöschungs- und Gnadengesuchen zum praktischen Gebrauch für jedermann. 4. Auflage. Saarbrücken 1916.

Großer Bilderatlas des Weltkrieges. Erster Band. München 1915.

Großer Bilderatlas des Weltkrieges. Dritter Band. München 1915.

Haeckel, Ernst: Englands Blutschuld am Weltkriege. Eisenach 1914.

Hirsch, Paul: Kriegsfürsorge in Berlin und Vororten, 1915.

Jastrow, Ignaz: Im Kriegszustand: die Umformung des öffentlichen Lebens in der ersten Kriegswoche, Berlin 1914.

Kriegsfürsorge : die Unterstützung der Familien der Kriegsteilnehmer in den Gemeinden, Kriegsinvaliden-, Witwen- und Waisenrenten, Ansprüche an die Krankenkassen. Berlin 1914.

Kriegsnachrichtenblätter: Männer-Turn-Verein Friedenau. Bd. 13, Berlin 1916.

Meister, Aloys: Die deutsche Presse im Kriege und später. Münster 1916

Nachrichtenblatt der Deutschen Bank: ihren zum Kriegsdienst einberufenen Beamten gewidmet. Berlin 1914-16.

Nachschlagebuch für die Pressezensur. Herausgegeben von der Oberzensurstelle des Kriegpresseamts. Dritte Auflage. Abgeschlossen am 1. August 1917. Berlin, 1917.

Norddeutsche allgemeine Zeitung. Berlin 1914-1918.

Popert, Hermann Martin: Tagebuch eines Sehenden 1914-1919, Hamburg 1920.

Rotheit, Rudolf: Kernworte des Weltkrieges, Ullstein Berlin u. Wien 1916.

Bund für Mutterschutz 191-192

Frauen Delbrück 129

Sammlung der Vorschriften über den Verkehr mit Druckpapier, Druckfarbe und Papier, Karton und Pappe. Herausgegeben von der Kriegswirtschaftsstelle für das deutsche Zeitungsgewerbe. Bd. 2, Berlin 1917.

Schicht, Arthur: Ein Held der Garde: meines Neffen Kriegstagebuch und Briefe aus dem Feld. 1917.

Schmidt, E. E. Hermann: Das politische Werbewesen im Kriege: Vortrag im Arbeitsbund für Werbelehre. Berlin 1919.

Stümcke, Heinrich: Theater und Krieg, Oldenburg und Leipzig, 1915 S. 3.

Was tun die Gemeinde-Kommission des Nationalen Frauendienstes und der Vaterländische

Frauenverein Berlin-Grunewald zur Linderung der Kriegsnot: bis Mitte November 1914.

Wolter, Fritz: Die Korrumpierung der Presse. In: Die Weltbühne, Nr. 21. 1923.